本作品为作者主持的国家社会科学基金青年项目"基于统计分析的我国环境保护刑事司法效能及其优化研究"(13CFX040)的最终成果,并受生态环境部生态环境执法局等机构的支持,特表谢忱!

焦艳鹏"环境刑法研究"系列作品

View on
THE EFFECTIVENESS OF
Environmental Criminal Justice

环境刑事司法效能论

焦艳鹏 ◎ 著

北京大学出版社
PEKING UNIVERSITY PRESS

图书在版编目(CIP)数据

环境刑事司法效能论/焦艳鹏著.—北京:北京大学出版社,2024.8
ISBN 978-7-301-34805-5

Ⅰ.①环… Ⅱ.①焦… Ⅲ.①破坏环境资源保护罪—刑事诉讼—研究—中国 Ⅳ.①D924.364

中国国家版本馆CIP数据核字(2024)第030426号

书　　　　名	环境刑事司法效能论 HUANJING XINGSHI SIFA XIAONENGLUN
著作责任者	焦艳鹏　著
责 任 编 辑	徐　音
标 准 书 号	ISBN 978-7-301-34805-5
出 版 发 行	北京大学出版社
地　　　　址	北京市海淀区成府路205号　100871
网　　　　址	http://www.pup.cn　　新浪微博:@北京大学出版社
电 子 邮 箱	zpup@pup.cn
电　　　　话	邮购部 010-62752015　发行部 010-62750672 编辑部 021-62071998
印 　刷　 者	北京溢漾印刷有限公司
经 　销　 者	新华书店
	730毫米×980毫米　16开本　13.25印张　195千字 2024年8月第1版　2024年8月第1次印刷
定　　　　价	62.00元

未经许可,不得以任何方式复制或抄袭本书之部分或全部内容。
版权所有,侵权必究
举报电话:010-62752024　电子邮箱:fd@pup.cn
图书如有印装质量问题,请与出版部联系,电话:010-62756370

内容摘要

本书的研究标的为我国的环境刑事司法机制，目的在于对我国环境刑事司法的效能进行评估并提出优化方案。

本书的内容主要分为三个模块，即理论研究、应用研究、数据形成与数据库建设，因此本书的内容安排也是按照上述三个模块进行的。

第一模块为理论研究，主要内容为第一章、第二章和第五章。本模块主要对基础理论问题进行研究，包括我国环境刑事司法的历史考察，对司法效能、环境司法效能、环境司法目的、环境刑事司法效能的定位，以及环境司法中当事人的正义观及其形成等。此外，还对生态法益的刑事立法保护、生态法益的刑事司法保护等问题从宏观上进行了理论分析。

第二模块为应用研究，主要内容为第三章和第四章。对在环境刑事司法中占据重要地位的2013年第15号司法解释，即最高人民法院、最高人民检察院《关于办理环境污染刑事案件适用法律若干问题的解释》的适用情况进行了研究，对环保机关、公安机关、检察机关等在环境司法中的作用进行了分析，并对生态文明建设中环境法与刑法的协调机制进行了分析。

第三模块为统计数据集成。我们对全国2016年前环境资源类刑事案件的司法文书（主要是生效的刑事判决书）进行了数据提取，形成了具有分析意义的司法数据。这些司法数据主要分为两类：一是全国范围内环境资源犯罪的发案情况、事实情况、判罚情况等的数据；二是污染环境罪、非法狩猎罪等几类主要的环境犯罪发案量排名全国前五名的省份的相关司法数据的主要情况。

目 录
Contents

第一章　我国环境刑事司法的历史考察……………………001
　第一节　近乎"零判决"：我国刑事司法对环境
　　　　　污染的司法回应……………………………001
　第二节　"零判决"的成因：达摩克利斯之剑
　　　　　何以空悬……………………………………006
　第三节　"零判决"的反思：刑法如何保护环境……018

第二章　环境刑事司法的效能与目的分析……………024
　第一节　环境司法的基本定位及其特点………………024
　第二节　环境司法的效能及其评价路径………………027
　第三节　环境保护不是环境司法的首要目的…………030
　第四节　个案公正应是环境司法的目的………………033
　第五节　个案公正与当事人的正义观…………………036

第三章　污染环境罪司法解释适用效果………………041
　第一节　司法解释施行以来全国环境污染
　　　　　刑事案件的特点……………………………041
　第二节　2013年第15号司法解释在环保
　　　　　行政机关的适用……………………………053

第三节 2013年第15号司法解释在公安机关
         的适用 ………………………………………… 058

第四章 生态文明建设中刑法与环境法的协调 ……………… 064
第一节 我国刑法与刑事司法对生态环境
         的保障能力有限 …………………………… 064
第二节 刑法与环境法协调性不足的主要原因 ……… 066
第三节 提升刑法与环境法协调性的路径选择 ……… 073

第五章 生态文明视野下生态法益的刑法保障 ……………… 077
第一节 生态法益的切实保障对刑法机制提出了
         新期待 ……………………………………… 077
第二节 生态法益的刑事立法保障 …………………… 084
第三节 生态法益的刑事司法保障 …………………… 090

结　论 …………………………………………………………… 096

附　录　中国环境刑事司法样态统计数据集成 …………… 105

后　记 …………………………………………………………… 205

第 一 章
我国环境刑事司法的历史考察*

虽然《中华人民共和国刑法修正案（八）》[以下简称《刑法修正案（八）》]确立的污染环境罪降低了污染环境行为的入罪门槛，但刑法在打击环境污染犯罪、保护环境方面能否充分发挥效能，还有待实践检验。对 1997 年《中华人民共和国刑法》（以下简称《刑法》）确立环境污染相关罪名以来我国环境刑事司法的效能进行研究，有助于深入理解污染环境罪所植根的司法土壤与社会环境，有助于深刻理解我国现阶段环境政策与刑事政策之间的关系，也有助于我国环境司法相关障碍的破除。

第一节 近乎"零判决"：我国刑事司法
对环境污染的司法回应

一、既判案件数量极少是我国环境污染刑事司法表现出的总特点

进入刑事侦查的案件数量与刑事审判既判案件数量之间的关系，

---

* 本章主体内容以《我国环境污染刑事判决阙如的成因与反思——基于相关资料的统计分析》发表在《法学》2013 年第 6 期。

在一定程度上可以表明某类法益侵害行为的时空分布情况。由于统计资料的缺失,笔者尚未掌握我国近年来进入刑事侦查的环境污染类案件的数量,但对环境污染刑事审判既判案件的数量还是有所掌握。见表1-1:

表1-1　1997年《刑法》颁行以来我国环境污染刑事既判案件数量统计表[①]

单位:件

1997—2000年	2001年	2002年	2003年	2004年	2005年	2006年	2007年	2008年	2009年	2010年
—	5	4	1	2	2	4	3	2	3	11

注:"—"为"不详"。

由于我国环境资源管理体制的特点,[②] 上述环境保护部统计的"当年作出判决的环境犯罪案件数(起)"仅指我国《刑法》中涉及

---

① 此表格根据国家环境保护部年度性文件《全国环境统计公报》的相关统计资料整理而成,部分年度资料缺失。(2018年3月,国务院机构改革方案公布,要求整合原环境保护部、国家发展和改革委员会、国土资源部、水利部、农业部、国家海洋局、国务院南水北调工程建设委员会办公室担负的多项职责,组建生态环境部。2018年4月16日,新组建的生态环境部正式挂牌。)环境保护部虽非司法机关,但作为主管全国环境污染防治工作的最高行政机关,其关注与统计环境污染刑事判决数量的态度值得欣赏。当然,由于我国环境资源管理体制的特点,环境保护部的统计路径与法院系统的统计路径可能存在差异。法院系统一般按照刑法典中的类罪进行统计(即将《刑法》分则第六章第六节"破坏环境资源保护罪"作为一个统计单位),而上述环境保护部统计资料中发布的"当年作出判决的环境犯罪案件数(起)"仅指刑法典中涉及环境污染的刑事判决数量,即依据《刑法》第338条[《刑法修正案(八)》颁行之前的重大环境污染事故罪,现在的污染环境罪]的统计数据。

② 我国的环境污染防治工作主要由环境保护行政管理机关(即各级环保部门)主管,相关行政机关(农业系统、林业系统、国土资源系统等)也对与之相关的环境保护工作进行行业协管,但上述相关机关主要还是从自然资源的角度进行管理,因此《刑法》分则第六章第六节"破坏环境资源保护罪"中的诸如盗伐林木罪、非法采矿罪以及涉及珍稀动植物等的资源类犯罪的统计数据应该不会纳入这里所谈环境保护部的统计范围。

环境污染犯罪的刑事判决数量,① 也即仅仅是《刑法》第338条涉及犯罪的统计数据。

从表1-1中的统计数据可清晰获知:自1997年《刑法》颁行以来,全国法院系统以"重大环境污染事故罪"的罪名作出的刑事判决的数量是极为有限的。简单计算即可知,2001—2010年十年之中仅有37个既判案件,平均每年3.7个;十年中有六个年度的既判案件数量在3个或者3个以下;2002—2009年八年之中每年的既判案件数量都在5个以下,平均每年只有2.6个。

由上述分析可知,在1997年《刑法》颁行后至2010年期间因环境污染而产生的刑事判决在我国是极为少见的,绝大多数地方法院没有进行过环境污染的刑事判决。整体上而言,《刑法》第338条所确立的污染环境罪在我国出现了判决数量极少的现象,这是出人意料的,也是值得我们深入思考的。

二、环境污染刑事司法既判案件数量极少不符合法治的正常逻辑

刑法中不同类别犯罪的既判案件数量所呈现的一定程度的不均衡状态是相对正常的。这种不均衡与类罪的特征有关,也与一国经济与社会发展水平及所处阶段有关。② 作为刑事法律实践应用时空展开的刑事司法,其基本路径是对现实中各类违法行为进行法益侵害程度的判断与比对,并以刑事程序的启动与相关司法权力(调查权、检察

---

① 我国《刑法》第339条还规定了关于擅自进出口、走私及非法处置固体废物方面的犯罪罪名,具体包括非法处置进口的固体废物罪、擅自进口固体废物罪、走私废物罪三个罪名。该条文规定的目的在于限制境外固体废物对我国环境的污染,但在司法实践中其具体规制是由作为进出口管理机关的海关来运行的。依据我国的统计路径,环境保护部与海关都是独立统计单位,故笔者认为《全国环境统计公报》中的"当年作出判决的环境犯罪案件数(起)"可能不包括《刑法》第339条罪名所引发的刑事判决的数量。

② 比如,改革开放以来我国财产类犯罪案件数量上升,某些经济发达地区"双抢"(抢劫罪、抢夺罪)类案件高发。

权、审判权)的运行来实现对相关领域的规制,在环境保护等社会公共领域尤其如此。刑法典中极个别犯罪(如危害国家安全罪)的发案率极低甚至基本上呈现"零判决"状态可以理解,但作为一个处于工业化进程中的发展中大国,我国极少有环境污染犯罪的刑事判决,这是否正常值得我们深入反思。刑事司法领域出现的如此状态使我们不得不问:刑法与刑事司法是否承载了我国环境保护的重任?

众所周知,我国环境保护形势严峻,现实中存在大量的环境违法案件,与环境污染相关的各类环境污染事故或突发环境事件屡有发生。1997年之前,我国尚无对环境污染相关行为入罪的刑事立法,故严重污染环境的行为成为犯罪在1997年以后才有了可能。改革开放以来,我国经济与社会快速发展,尤其是20世纪90年代以来,以工业化带动现代化的发展路径促使我国经济快速增长,也使我国承受了前所未有的环境压力,环境污染严重地区的水体质量、空气质量等甚至恶劣到了影响人民群众身体健康的地步。①

刑事法律作为打击犯罪、保护人民的最后一道法治防线,理应在遏制环境污染方面做出其应有贡献,但全国范围内极少的刑事判决以及对绝大多数地方法院来说的"零判决"现象既不符合将环境污染行为纳入刑法规制的立法目的,也不符合法治的正常逻辑,需深刻检思。

三、环境污染刑事司法既判案件数量稀少并非全球普遍现象

将严重的污染环境行为作为犯罪进行规制,是当今世界一些国家

---

① 有研究表明,2013年春节前后弥漫在我国北部地区的雾霾天气的本质是空气污染。中国科学院公布的"大气灰霾追因与控制"专项研究结果表明,京津冀雾霾中检出的大量含氮有机颗粒物是"最危险的信号",因为这就是20世纪洛杉矶光化学烟雾的主要成分之一。洛杉矶光化学烟雾事件中共有800余人丧生。上述消息详见2013年2月《京华时报》《中国青年报》等的相关报道。

第一章
我国环境刑事司法的历史考察

和地区的普遍做法。虽然各国和地区司法制度存在差异,但在环境司法领域具有一定数量的刑事判决方属正常。通过考察日本、加拿大、欧盟及我国台湾地区(见表1-2)等国家和地区的相关统计资料,可基本印证这个结论。

表1-2 我国台湾地区环境污染刑事司法相关数据统计表①

	2007年	2008年	2009年	2010年	2011年
环保警察队破获涉及违反刑事法令案件(件)	250	265	230	253	213
地方法院检察署环保刑事侦查案件终结(件)	766	686	506	441	565
地方法院检察署执行环保刑事案件裁判(件)	477	482	389	357	312
地方法院检察署已执行有罪环保刑事案件(人)	150	229	200	186	191

由表1-2中的统计数据可知,我国台湾地区对环境污染犯罪的刑事司法案件进行了全过程统计。计算后可知,地方法院检察署执行环保刑事案件裁判的数量在2007—2011年五年中平均为403.4件,地方法院检察署已执行有罪环保刑事案件的人数在2007—2011年五年中平均为191.2人。从上述数据我们可大致判断出我国台湾地区刑事司法在打击环境污染方面的大致情形,五年时间内各类数据基本稳定在一定范围内也表明刑事司法对打击环境污染发挥了较为稳定的效能。

欧洲国家高度重视刑法对污染环境行为的规制,② 并对环境污染

---

① 此表格依据我国台湾地区环境保护机构发布的《环境统计年报》整理而成。
② 多国在刑事法律中都加入了环境犯罪条款,一些国家(如德国)甚至在刑法典中设置专章进行规定,欧盟更是制定了《通过刑法保护环境公约》(Convention on the Protection of the Environment Through Criminal Law),具体规定了欧盟国家环境刑法的基本原则。

刑事司法的效能实现保持了全面开放的态度。资料显示，欧盟中的12个国家与地区①的公诉人全部享有环境污染犯罪的刑事起诉权，部分国家（比利时、法国）的公共机构也享有刑事起诉权，英格兰与威尔士的环境管理局还直接享有环境污染犯罪的刑事起诉权，其中6个国家与地区还存在着个人享有刑事起诉权的情形。②虽然我们尚无欧盟各国环境污染犯罪既判案件数量的统计资料，但从上述欧盟环境刑事司法过程中的相关标准的宽窄程度，还是可以基本判断出刑事手段在打击环境污染犯罪方面的力度。

第二节 "零判决"的成因：达摩克利斯之剑何以空悬

刑法是法律规制的最后一道防线，是悬挂在人们头上的达摩克利斯之剑③。因为头上始终悬挂着达摩克利斯之剑，人们担心其掉落而往往依规则行事，此即刑法的一般预防功能。进入21世纪以来，我国环境污染的状况不仅没有从根本上好转，反而有恶化的趋势，人们不禁会问：刑法这把达摩克利斯之剑在环境保护问题上何以空悬？上述统计分析所显示出的"零判决"现象的成因何在？

---

① 这里的"12个国家与地区"是指《欧盟各国环境刑事执法报告》统计分析的12个国家与地区，具体包括：奥地利、比利时、丹麦、芬兰、法国、德国、意大利、荷兰、葡萄牙、西班牙、英格兰与威尔士、苏格兰。

② 个人刑事起诉权在刑事司法中还存在是否需要公诉人同意后行使的问题。参见〔荷兰〕迈克尔·福尔、〔瑞士〕冈特·海因主编：《欧盟为保护生态动刑：欧盟各国环境刑事执法报告》，徐平等译，中央编译出版社2009年版，第10—11页。

③ "达摩克利斯之剑（The Sword of Damocles）"源自古希腊传说：狄奥尼修斯国王请他的大臣达摩克利斯赴宴，但命其坐在用一根马鬃悬挂的一把寒光闪闪的利剑之下。"达摩克利斯之剑"情形下往往具有一种"达摩克利斯效应"，即令人处于一种危机状态或保持危机意识，从而自我约束，慎重行事。

第一章
我国环境刑事司法的历史考察

一、环境污染犯罪刑事司法对行政机关具有高度依赖

（一）刑事立法在技术上为行政机关的介入留下了缺口

刑事司法的发动有赖于刑事立法的相关规定，在1997年《刑法》颁布之前，我国即已存在大量环境污染行为，但因"法无明文规定不为罪"，所以虽存在环境污染行为，但无环境污染犯罪。1997年《刑法》第338条与第339条规定了环境污染的相关犯罪，在笔者看来，这两条规定的入罪门槛较高，且都以"造成重大环境污染事故"为入罪前提，但是否为"重大环境污染事故"并非由司法机关认定，而是由行政机关（实际主要是由作为环境保护行政管理机关的环境保护部门）来认定的。

以重大环境污染事故的发生作为环境污染是否入罪的前提，是1997年《刑法》确定相关罪名后极少有相关既判案例的直接原因。重大环境污染事故侵害的是环境管理秩序，对环境污染是否构成"事故"，且事故是否为"重大"的判断不是一个事实判断，而是一个基于环境管理秩序是否被侵害以及侵害程度的价值判断。此种理念指引下的刑事立法使得犯罪判定严重依赖于行政机关相关标准，司法权在一定程度上被行政权所"绑架"，环境污染的司法调查难以自主启动。

需要说明的是，《刑法修正案（八）》对《刑法》第338条进行了重大修订，取消了"造成重大环境污染事故"的构罪表述，对上述落后的立法理念进行了根本修正，基本上确立了环境仅是犯罪的直接客体，生态法益才是环境污染犯罪实质客体的立法理念。但我们仍需警醒：修改后的条文仍带有强烈的行政刑法色彩，条文（"违反国家规定，排放、倾倒或者处置有放射性的废物、含传染病病原体的废物、有毒物质或者其他有害物质，严重污染环境的"）表述中的"违反国家规定"与"严重污染环境"的解释仍存在较大

空白，若司法机关不能进行有效解释，则司法权仍将存在被行政权"绑架"的风险与可能。

(二) 污染环境的入罪标准对行政机关相关标准具有高度依赖

上文已经表明，1997年《刑法》中所确立的"重大环境污染事故"是由行政机关认定的，也即刑事司法程序启动的前提是行政机关对相关污染行为作出了属于重大环境污染事故的认定，那何谓行政机关视野里的"重大环境污染事故"呢？

国家环境保护总局曾于1987年发布《报告环境污染与破坏事故的暂行办法》（环办字〔1987〕317号），该规章第5条将"环境污染与破坏事故"划分为一般环境污染与破坏事故、较大环境污染与破坏事故、重大环境污染与破坏事故、特大环境污染与破坏事故四类。这四类环境污染与破坏事故的构成标准如表1-3：

表1-3 各类环境污染与破坏事故构成标准[①]
(1987年—2006年4月)

标准	一般环境污染与破坏事故	较大环境污染与破坏事故（符合情形之一者即构成）	重大环境污染与破坏事故（符合情形之一者即构成）	特大环境污染与破坏事故（符合情形之一者即构成）
财产标准	由于污染或破坏行为造成直接经济损失在千元以上、万元以下（不含万元）的	(1) 由于污染和破坏行为造成直接经济损失在万元以上、5万元以下（不含5万元）	(1) 由于污染或破坏行为造成直接经济损失在5万元以上、10万元以下（不含10万元）	(1) 由于污染或破坏行为造成直接经济损失在10万元以上

[①] 此表及下文中的表1-4由笔者依据相关资料编制而成。两个表格中的"财产标准""人员标准""社会影响度""放射性影响度""地区影响度"等分类名称由笔者设计，非为官方所定。

(续表)

标准	一般环境污染与破坏事故	较大环境污染与破坏事故（符合情形之一者即构成）	重大环境污染与破坏事故（符合情形之一者即构成）	特大环境污染与破坏事故（符合情形之一者即构成）
人员标准		(2) 人员发生中毒症状	(2) 人员发生明显中毒症状、辐射伤害或可能导致伤残后果；(3) 人群发生中毒症状	(2) 人群发生明显中毒症状或辐射伤害；(3) 人员中毒死亡
社会影响度		(3) 因环境污染引起厂群冲突	(4) 因环境污染使社会安定受到影响	(4) 因环境污染使当地经济、社会的正常活动受到严重影响
环境危害度		(4) 对环境造成危害	(5) 对环境造成较大危害	(5) 对环境造成严重危害
动植物影响度			(6) 捕杀、砍伐国家二类、三类保护的野生动植物	(6) 捕杀、砍伐国家一类保护的野生动植物

上述分类与构成标准在2006年《环境保护行政主管部门突发环境事件信息报告办法（试行）》（环发〔2006〕50号）生效之前，一直是我国环境污染与破坏事故分类与构成的官方标准。

2006年3月31日，国家环境保护总局发布《环境保护行政主管部门突发环境事件信息报告办法（试行）》。该办法采用了新的环境事故分级与分类方法，并将"环境污染与破坏事故"更名为"突发环境事件"。2011年4月18日，环境保护部发布了《突发环境事件信息报告办法》，自同年5月1日起施行，《环境保护行政主管部门突发环境事件信息报告办法（试行）》同时废止。新办法将突发环境事件划分为四级，但具体标准有较大变化，分级标准如表1-4所示：

表1-4 《突发环境事件信息报告办法》中的突发环境事件分级标准

标准	一般（Ⅳ级）	较大（Ⅲ级）（符合情形之一者即构成）	重大（Ⅱ级）（符合情形之一者即构成）	特别重大（Ⅰ级）（符合情形之一者即构成）
人员标准		(1) 因环境污染直接导致3人以下死亡或10人以上50人以下中毒的；(2) 因环境污染需疏散、转移群众5000人以上1万人以下的	(1) 因环境污染直接导致3人以上10人以下死亡或50人以上100人以下中毒的；(2) 因环境污染需疏散、转移群众1万人以上5万人以下的	(1) 因环境污染直接导致10人以上死亡或100人以上中毒的；(2) 因环境污染需疏散、转移群众5万人以上的
财产标准		(3) 因环境污染造成直接经济损失500万元以上2000万元以下的	(3) 因环境污染造成直接经济损失2000万元以上1亿元以下的	(3) 因环境污染造成直接经济损失1亿元以上的
动植物影响度		(4) 因环境污染造成国家重点保护的动植物物种受到破坏的	(4) 因环境污染造成区域生态功能部分丧失或国家重点保护野生动植物种群大批死亡的	(4) 因环境污染造成区域生态功能丧失或国家重点保护物种灭绝的
饮用水影响度		(5) 因环境污染造成乡镇集中式饮用水水源地取水中断的	(5) 因环境污染造成县级城市集中式饮用水水源地取水中断的	(5) 因环境污染造成地市级以上城市集中式饮用水水源地取水中断的
放射性影响度		(6) 3类放射源丢失、被盗或失控，造成环境影响的	(6) 1、2类放射源丢失、被盗、失控造成环境影响，或核设施和铀矿冶炼设施发生的达到进入场区应急状态标准的，或进口货物严重辐射超标的事件	(6) 相关核设施事故标准（略）

（续表）

标准	一般（Ⅳ级）	较大（Ⅲ级）（符合情形之一者即构成）	重大（Ⅱ级）（符合情形之一者即构成）	特别重大（Ⅰ级）（符合情形之一者即构成）
地区影响度		（7）跨地市界突发环境事件	（7）跨省（区、市）界突发环境事件	（7）跨国界突发环境事件
其他标准	重大（Ⅱ级）还包括一种情形，即：（8）重金属污染或危险化学品生产、贮运、使用过程中发生爆炸、泄漏等事件，或因倾倒、堆放、丢弃、遗撒危险废物等造成的突发环境事件发生在国家重点流域、国家级自然保护区、风景名胜区或居民聚集区、医院、学校等敏感区域的			

注：一般（Ⅳ级）突发环境事件是除特别重大突发环境事件、重大突发环境事件、较大突发环境事件以外的突发环境事件。

由表 1-4 可知，2006 年后我国环境污染事故的标准构成比较明确，引入了"饮用水影响度""放射性影响度""地区影响度"等新的标准，比旧的标准更加具体与可度量。

由上述分析可知，在环境污染犯罪刑事司法过程中，对于相关入罪标准，尤其是"造成重大环境污染事故"这一前置性标准的掌握，司法机关严重依赖于行政机关尤其是环境保护主管部门的认定。上述标准不仅发生了较大变化，而且客观地讲存在着先天不足，除了"财产标准"之外，其他标准均存在模糊表述，在实践中较难度量，这使得我国环境污染刑事司法在相关标准的掌握上具有极大的不确定性。

（三）入罪标准严重依赖行政机关对相关"事故"或"事件"的定级

由上述分析可知，我国环境污染刑事立法在入罪标准的掌握上严重依赖行政机关相关标准的设定。下面我们再来考察行政机关（这里指环境保护行政管理机关）所统计的我国"环境污染与破坏事故"或者"突发环境事件"的次数。首先考察 2006 年之前的相关资料，请看表 1-5：

表 1-5 1995—2005 年我国"环境污染与破坏事故"分类统计表[①]

单位：件

	1995年	1996年	1997年	1998年	1999年	2000年	2001年	2002年	2003年	2004年	2005年
事故总数	1966	—	—	—	—	—	1842	1921	1843	1441	1406
重大事故	84	—	—	—	—	—	—	—	—	—	—
特大事故	56	—	—	—	—	—	—	—	—	—	—
当年环境污染犯罪既判案件数量	—	—	—	—	5	4	1	2	2	—	—

注："—"为"不详"。

[①] 此表格根据国家环境保护部年度性文件《全国环境统计公报》的相关统计资料整理而成，部分年度资料缺失。

第一章
我国环境刑事司法的历史考察

由表 1-5 我们可清晰得知，1995—2005 年间我国每年发生大量环境污染与破坏事故，平均每年在 1700 多件。虽然由于统计资料的缺失，我们无法获知每一年度"重大事故"与"特大事故"的具体数量（官方未在统计资料中发布），但从 1995 年度"重大事故 84 次""特大事故 56 次"的公开数据中，我们依然可大致测估出上述年度该类级别事故大致的数量级。

2006 年后我国开始实行新的分级方法，国家环境统计资料中的"突发环境事件"的数据整理请见表 1-6：

表 1-6　2006—2010 年我国"突发环境事件"分类统计表①

单位：件

	2006 年	2007 年	2008 年	2009 年	2010 年
事件总数	842	462	474	418	420
水污染	482	178	198	116	135
大气污染	232	134	141	130	157
海洋污染	10	4	3	2	3
固体废物污染	45	58	45	55	35
噪声与振动危害	6				
其他	67				
环境污染犯罪既判案件数量	4	3	2	3	11

从表 1-6 可知，2006 年实行新的分级标准以后，由于具体标准大幅提高，"突发环境事件"的数量比 2006 年前所谓的"环境污染与破坏事故"有了大幅下降，当然这主要是由于分级标准的变化而形成的，并不表明我们的环境污染状况有了很大改善。上述表格中的数据

---

① 此表格根据国家环境保护部年度性文件《全国环境统计公报》的相关统计资料整理而成，部分年度资料缺失。

关系表明，水污染事件在突发环境事件中居于主流，个别年度甚至超过半数。

令人遗憾的是，环境保护行政管理机关极少公开"环境污染与破坏事故"或者"突发环境事件"中"重大"与"特大"事故或事件的具体数量，这使我们无法直接判知究竟每一年度有多少环境污染与破坏事故或突发环境事件可以达到《刑法》第338条的基本入罪标准。不过，通过对1995年偶然公开的数据进行形式逻辑的判断，仍然可以得知：自1997年《刑法》确立环境污染相关罪名以来，每年发生的"重大"或者"特大"环境污染与破坏事故或突发环境事件的数量绝不仅仅只是个位数。①

二、环境污染犯罪刑事司法过程存在着较大障碍

环境保护行政管理中存在绝不是个位数的"重大"与"特大"环境污染事故或事件，但为什么在实践中极少有环境污染犯罪的刑事既判案例呢？除前述入罪标准上对行政机关相关标准尤其是事故级别认定的依赖外，《刑法》第338条的司法适用过程也值得考察。

《刑法修正案（八）》颁行之前的《刑法》第338条规定的重大环境污染事故罪的构罪条件除"造成重大环境污染事故"外，还存在着进一步的罪状描述，即"致使公私财产遭受重大损失或者人身伤亡的严重后果"，而正是这一罪状的司法判定使得环境污染犯罪的入罪在刑事司法中进一步耗损甚至落空。

（一）环境污染侦查权的启动存在较大不确定性

在我国司法体制之下，环境污染刑事案件的侦查主体为公安机

---

① 作为污染事故级别认定主体的环境保护行政管理机构是地方政府的组成部门，因而其在对环境事故进行级别认定的过程中将较多考虑政府与企业的关系、政府税收来源等因素。

关。依据《行政执法机关移送涉嫌犯罪案件的规定》的相关规定,①行政机关在一定条件下应将涉嫌犯罪的行政案件移送公安机关,由此可知,环境保护行政管理机关在行政执法过程中,若发现污染环境行为"涉嫌"违反刑法相关罪名有可能构成犯罪时,有义务向公安机关移送相关案件。但由于对"涉嫌"的判定具有较大的主观性,环境保护行政管理机关对其把握往往采取从宽态度,故现实中环境保护行政管理机关主动向公安机关移送案件的情形并不多见。正如国外学者所言,"环境法律法规的违法者并非传统意义上的刑事犯,而通常是那些在社会上被尊重的公民,他们拥有更多的经济和政治权力,在一个诉讼案件中,他们也毫无疑问地会试图使用经济或政治权力去规避法律的制裁"②。作为政府组成部门的环境保护行政管理机关往往没有足够的动力将较为严重的环境污染事故(重大或者特大)交由公安机关进行刑事侦查,③因此在现实中若没有接到社会公众报案或因污染酿成较大公共事件,则公安机关很少对环境污染事故主动启动刑事调查程序,这是刑事司法较少介入环境污染领域的原因之一。

(二)"致使公私财产遭受重大损失"的司法判定具有较大难度

1997年《刑法》颁行以来,在司法实践中对"致使公私财产遭受重大损失"的具体标准一直没有明确,司法实务中往往直接采用《报告环境污染与破坏事故的暂行办法》对"重大环境污染与破坏事故"

---

① 《行政执法机关移送涉嫌犯罪案件的规定》第3条第1款规定:"行政执法机关在依法查处违法行为过程中,发现违法事实涉及的金额、违法事实的情节、违法事实造成的后果等,根据刑法关于破坏社会主义市场经济秩序罪、妨害社会管理秩序罪等罪的规定和最高人民法院、最高人民检察院关于破坏社会主义市场经济秩序罪、妨害社会管理秩序罪等罪的司法解释以及最高人民检察院、公安部关于经济犯罪案件的追诉标准等规定,涉嫌构成犯罪,依法需要追究刑事责任的,必须依照本规定向公安机关移送。"

② 〔荷兰〕迈克尔·福尔、〔瑞士〕冈特·海因主编:《欧盟为保护生态动刑:欧盟各国环境刑事执法报告》,徐平等译,中央编译出版社2009年版,第2页。

③ 也不排除环保机关担心若污染方承担刑事责任,可能启动对环保部门涉嫌违反《刑法》第408条环境监管失职罪的调查。

定级中"由于污染或破坏行为造成直接经济损失在 5 万元以上，10 万元以下（不含 10 万元）"的标准，然而由于上述标准为 1987 年制定，而 20 世纪 90 年代以来我国物价指数不断增长，以这个标准来定义"致使公私财产遭受重大损失"显然已经不适应时代要求了。

最高人民法院于 2006 年 7 月 21 日公布《关于审理环境污染刑事案件具体应用法律若干问题的解释》①较大幅度提高了"公私财产遭受重大损失"的财产价值标准，即公私财产损失要在 30 万元以上，并在第 4 条进一步解释这里的"公私财产损失"，包括"污染环境行为直接造成的财产损毁、减少的实际价值，为防止污染扩大以及消除污染而采取的必要的、合理的措施而发生的费用"。

然而在司法实践中，上述"公私财产损失"的具体判定却具有较大难度。具体表现为：第一，"污染环境行为直接造成的财产损毁"需评估后确定，而环境污染造成的往往是水体、空气、土壤等生态功能的受损，其评估具有较大难度，而且客观地讲，由于上述被污染物属于"公共领域"，在相当长的时间内管理主体缺位，现实中很少有为其求偿者，故即便造成了环境损害，也较少有对其具体损害程度进行评估的实践。第二，当环境污染造成了"私"主体财产的损失时，污染方与受害方往往以民事纠纷的方式进行处理，在求偿获得满足的情况下，极少启动受害方对污染方的刑事自诉案件。② 第三，"为防止污染扩大以及消除污染而采取的必要的、合理的措施而发生的费用"

---

① 该司法解释第 1 条规定："具有下列情形之一的，属于刑法第三百三十八条、第三百三十九条和第四百零八条规定的'公私财产遭受重大损失'：（一）致使公私财产损失三十万元以上的；（二）致使基本农田、防护林地、特种用途林地五亩以上，其他农用地十亩以上，其他土地二十亩以上基本功能丧失或者遭受永久性破坏的；（三）致使森林或者其他林木死亡五十立方米以上，或者幼树死亡二千五百株以上的。"

② 依据我国相关刑事诉讼的规则，环境污染案件并不在刑事自诉案件的范围，因此即使受害方有意对损害其财产的污染方提起刑事诉讼，也必须向具有侦查权的公安机关报案后方可进入司法程序。

的判定也存在着较大技术障碍,在没有直接的受害者要求民事赔偿而进行相应损害数额的鉴定与评估时,无论是环境保护行政管理机关还是公安机关,都很难有动力去做这种成本较高的损失核定工作。①

(三)"致使人身伤亡的严重后果"的司法判定存在技术障碍

2006年以前,依据《报告环境污染与破坏事故的暂行办法》,构成"重大环境污染与破坏事故"的人身伤亡标准为:人员发生明显中毒症状、辐射伤害或可能导致伤残后果;人群发生中毒症状。然而上述"明显中毒症状""人群发生中毒症状"显然是缺乏明确标准的,无论是行政机关还是司法机关,对其是否构成"重大环境污染与破坏事故"的判断均具有较大弹性。司法实践中,上述人员伤亡的情形往往以民事纠纷方式处理,较少进入刑事侦查程序,形成充足证据进入公诉与审判阶段的就更少了。这也是2006年前全国环境污染刑事判决平均数在3件以下的重要原因之一。

2006年3月31日发布的《环境保护行政主管部门突发环境事件信息报告办法(试行)》将"重大环境事件"的人身伤亡标准确定为:因环境污染直接导致3人以上10人以下死亡或50人以上100人以下中毒的;因环境污染需疏散、转移群众1万人以上5万人以下的。此标准应该说比较明确。然而时隔仅三个多月,最高人民法院于2006年7月21日公布了《关于审理环境污染刑事案件具体应用法律若干问题的解释》,该司法解释第2条明确了《刑法》第338条、第339条和第408条规定的"人身伤亡的严重后果"或者"严重危害人体健康"的诸个标准,即:(1)致使1人以上死亡、3人以上重伤、10人以上轻伤,或者1人以上重伤并且5人以上轻伤的;(2)致使传

---

① 笔者收集到的资料显示,对上述"公私财产损失"的评估是极为复杂的。2007年发生在江苏省丹阳市的一起水污染刑事案件最终以重大环境污染事故罪判刑,公安机关对因水污染导致自来水厂停水后造成的损失、周边企业因供水停止导致的直接损失等进行了详细的评估,以较大的办案成本方才形成相应证据。

染病发生、流行或者人员中毒达到《国家突发公共卫生事件应急预案》中突发公共卫生事件分级Ⅲ级情形,严重危害人体健康的;(3) 其他致使"人身伤亡的严重后果"或者"严重危害人体健康"的情形。

上述最高法的司法解释最终确定了污染环境行为导致"人身伤亡的严重后果"的具体司法判定标准,可以说做到了定罪量刑标准的明确化。然而此标准与《环境保护行政主管部门突发环境事件信息报告办法(试行)》在人身伤亡标准上存在较大差异,直接后果就是按照最高法的司法解释认定为构成"人身伤亡的严重后果"的环境污染事件,往往是不够环境污染"重大环境事件"的定级标准的,而这将直接导致《刑法》第338条前置性入罪条件("造成重大环境污染事故")不能满足,使得相关罪名的认定缺乏充要条件,从而造成污染环境行为刑事司法规制过程的障碍。

除上述原因外,环境污染案件进入刑事审判阶段后,污染行为与危害后果之间因果关系的准确判定等问题也是判断是否构成犯罪的技术障碍。总之,无论是刑事侦查阶段对环境污染犯罪事实情况的调查,检察公诉阶段对违法性的判断,还是审判阶段对是否需要承担刑事责任的判断,环境刑事司法整个过程中都存在刑法效能发挥的障碍,相关立法的先天不足与司法过程的层层障碍共同导致了环境污染刑事司法的"零判决"现象。

第三节 "零判决"的反思:刑法如何保护环境

一、加强生态文明理念对刑事司法的指引

党的十八大报告提出了经济建设、政治建设、文化建设、社会建设、生态文明建设"五位一体"的新布局,并指出"建设生态文明,

是关系人民福祉、关乎民族未来的长远大计"。面对日益严重的环境污染,我们对具有"达摩克利斯之剑"之称的刑法充满期待,也希望刑法与刑事司法能够在打击环境犯罪、保护生态方面发挥应有的效能。

(一)确立生态法益也是刑法保护重要客体的理念

1997年《刑法》在分则第六章"妨害社会管理秩序罪"之中确立了"破坏环境资源保护罪"专节,表明立法者的价值取向优选了秩序法益。国家所建立的包括环境资源管理秩序在内的社会管理秩序具有重要价值,刑法对其进行保护无可厚非。但我们应注意到,作为一种以人为核心主体的新型法益,生态法益的独立性受到人们越来越多的肯定。现行《刑法》分则第六章第六节"破坏环境资源保护罪"虽以"违反国家规定"为入罪前提,但其中所规定的主要罪名的具体构罪条件大多以"财产损害"与"人身伤害"为标准,这表明立法与司法过程还是将人身法益与财产法益作为环境犯罪的实质客体。《刑法修正案(八)》对第338条的修订虽然在一定程度上承认了"生态法益"的存在,但在构罪的具体判定中是采生态法益为主还是采传统法益为主尚不明确。

从曾经发生的涉及重大民生的环境公共事件中,我们可管窥人们对传统法益的执一与对生态法益的漠视。比如在"黄浦江死猪事件"中,上海市人民政府一再强调上海的饮用水水质在死猪泛滥之时是符合国家标准的,而对公众的恐慌与黄浦江已然污染的事实较少关注,司法机关也没有对此事件进行刑事调查。依据《刑法》第338条,死猪算不上"有放射性的废物"或"有毒物质",解释为"其他有害物质"可能也比较牵强,但更为重要的是,若将饮用水检验合格作为排除此事件造成了"严重污染环境"的理由而不进行刑事调查,则显然是忽略了生态法益已然被侵害的事实。就笔者所知,在日本,向水体中抛弃动物尸体等垃圾的行为是要作为刑事犯罪而承担刑事责任的。① 在生态环境保护过程中，我们应明确生态法益刑法保护的重要性。只有将生态法益的侵害程度设置为环境犯罪判定的主要标准，唯有如此，才能更新刑法理念，促进刑法在法益保护上的生态化。

（二）努力破除环境政策对刑事政策的制约

通过上文分析可知，1997年《刑法》确立环境污染相关罪名事实上是我国刑法对环境污染行为采取入刑、入罪方式的具体体现，表明我国在刑事政策上是打击环境污染犯罪的。然而改革开放以来，由于在经济发展与环境保护中长期优选前者，甚至在相当长的时期内产生了"经济发展必然产生环境污染"的错误观念，因此环境政策在相当长的时期内对污染行为采取了容忍甚至放任态度，各级政府对环境保护工作相对漠视，在一定程度上纵容了相关主体的污染行为，并且没有及时在社会中形成"污染有罪、污染可耻"的道德风气，客观上也使环境刑事政策失去了社会根基，行政机关与司法机关在打击环境污染犯罪的力度方面产生了某种默契甚至"配合"，客观上减少了刑法的适用。

破除环境政策对刑事政策的制约，要求我国政府在环境污染已然非常严重的背景下，对环境污染采取"零容忍"政策，以对人民群众健康高度负责的态度，重视环境质量的提高，采取多种手段、坚定不移地进行环境污染的防治。要依据形势的发展，确立严格的环境刑事政策，提高环境污染行为的法律成本，通过对环境污染犯罪的适法处罚，打击严重污染环境行为，及时对相关当事人进行刑事处罚，使公民、企业及社会对污染行为具有"恶感"与"罪感"，为环境刑事司

---

① 日本《轻犯罪法》"'对于违反公共利益乱扔垃圾、鸟类尸体或其他污染物及乱扔废料的人'有'判处拘留或罚款'的规定，往河里丢垃圾，判处三个月以下的徒刑"。参见〔日〕寄本胜美主编、〔日〕山本耕平：《垃圾分类从你我开始》，刘建男等译，吉林文史出版社2011年版，第76页。

法建立深厚的社会根基。

二、切实提升环境污染的刑事司法能力

（一）努力实现刑事司法与行政执法的贯通

在环境污染防治过程中，既要高度重视行政管理效能的发挥，也要高度重视环境司法的功能，并积极实现两者之间的贯通。目前我国环境保护行政管理机关可以进行行政处罚的环境违法行为多达 50 余种，具体处罚方式包括警告、罚款、责令限期治理、责令停业、责令关闭、责令搬迁、责令限期缴纳、责令整顿、责令拆除和没收设施等数十种。环境保护行政管理机关应加强对环境污染犯罪相关标准的学习，增强判断能力，要充分认识到司法权尤其是刑事审判权是国家权力的重要组成部分，判定为犯罪不仅仅是对当事人的惩罚，还具有一般预防的功能，不能因非法定的原因而消解国家的司法权，要增强主动移送涉嫌案件的意识，对故意不移送的行为，应进行相应责任的追究。[①] 环境污染犯罪往往以行政违法为前提，因此刑事司法机关应加强对行政机关环境管理活动的认识，在证据采信等方面实现全面共享。[②]

（二）积极加强环境刑事司法相关能力的建设

司法制度是"司法"与"制度"的联合体。在环境刑事司法过程

[①] 《行政执法机关移送涉嫌犯罪案件的规定》第 16 条第 2 款规定："行政执法机关违反本规定，对应当向公安机关移送的案件不移送，或者以行政处罚代替移送的，由本级或者上级人民政府，或者实行垂直管理的上级行政执法机关，责令改正，给予通报；拒不改正的，对其正职负责人或者主持工作的负责人给予记过以上的处分；构成犯罪的，依法追究刑事责任。"

[②] 《中华人民共和国刑事诉讼法》（以下简称《刑事诉讼法》）第 54 条第 1 款和第 2 款为此种共享提供了制度可能，即："人民法院、人民检察院和公安机关有权向有关单位和个人收集、调取证据。有关单位和个人应当如实提供证据。行政机关在行政执法和查办案件过程中收集的物证、书证、视听资料、电子数据等证据材料，在刑事诉讼中可以作为证据使用。"

中，加强对检察官、法官等司法官的能力建设非常重要。我们必须承认，作为一种特殊类型的犯罪，基层司法官对环境污染犯罪行为的司法判定普遍存在能力障碍，因此我们应高度重视法官能力的建设，提升法官对环境刑事案件的判定能力。①

基层法院也应加强办理环境污染案件的能力建设。"法院是承载法官行使司法权维护法治并维护其自身独立性的组织形式，是司法制度的结构或框架"②。环境司法制度是否恰当、合理，直接影响到生态环境的司法保护效果。刑法除了具有打击犯罪的功能外，还要承担保护人权的重任，增强环境保护的刑事司法效能并不意味着在刑事司法过程中可以忽视人权保障，相反，在环境污染刑事司法过程中，必须按照刑事诉讼的相关规则严格进行，充分尊重与保护当事人的合法权益，在保障人权的基础上，依法打击环境污染犯罪行为。在提升法官相关业务素质的同时，基层法院也应加强制度创新，目前在一些地方试行的环境法庭制度，具有一定的合理性，其能力建设的经验是值得总结与借鉴的。

对 1997 年以来环境刑事司法领域出现的"零判决"现象的成因进行分析与反思的目的，在于深入理解我国环境政策与刑事政策的关系，寻求破解环境刑事司法效能困境的出路。生态环境虽为公共领域，但与每个人的健康与幸福息息相关。《刑法修正案（八）》所规

---

① 我国一些地区已经试行了环境法庭制度，比如贵阳中院、昆明中院、无锡中院等，一些法院还对审判环境刑事案件的法官进行了专门的遴选与培训，较好地提升了法官素质。

② 马怀德主编：《司法改革与行政诉讼制度的完善——〈行政诉讼法〉修改建议稿及理由说明书》，中国政法大学出版社 2004 年版，第 1 页。

第一章
我国环境刑事司法的历史考察

定的污染环境罪发挥对环境保护的应有效能有赖于我国环境刑事司法土壤的全面改良。我们有理由相信,在生态文明建设过程中,准确定位刑事司法的地位,加强环境政策与刑事政策的相适性,找准环境刑事司法充分发挥效能的资源依赖,加强相关资源的供给,增强司法机关与行政机关的互通,提升司法机关的相关能力,是刑事司法在保护环境上冲破樊篱、发挥其应有效能的必经之路。

第 二 章
环境刑事司法的效能与目的分析[*]

近年来,环境司法作为司法活动样态之一走入了公众视野。污染环境、破坏生态等行为不仅要承担道义上的谴责,还将可能进入司法程序而承担法律责任,此种观念在社会上开始风行。上述所谓环境司法活动,已经超越了传统的"一对一""点对点"的民事侵权责任的范畴,因环境污染而引起的公益诉讼以及可能导致的刑事责任等的判断进入了司法实践,[①] 环境司法活动已逐渐成为我国司法机关常态性的司法活动之一。

第一节 环境司法的基本定位及其特点

关于环境司法之基本范畴,学界的认知并不统一,关注点也存在较大差异。笔者认为,目前国内学界所言之环境司法,是对生态环境

---

* 本章主体内容以《环境司法的效能、目的与个案公正的生成——兼谈当事人的正义观及对司法活动的影响》发表在《南京大学法律评论》2016年秋季卷。

① 环境公益诉讼案件目前仍然是最主要的环境司法实践活动。虽然环境公益诉讼案件总量依然有限,但其所具有的开放性、公众性等特点使得该类案件受公众关注程度极高,从而具有超越传统类型司法案件的显著特点。

领域司法活动的简称或统称,其本质是对相应主体侵害或者破坏生态环境的行为进行司法评价的司法活动。

司法机关对相关主体侵害或者破坏生态环境的行为进行司法评价,在我国早已有之,但其昨日之样态与今日之表现存在显著差异。笔者关注到,其主要差异或者近年来的重要变化主要集中在如下几个层面:

一、环境司法的外观从闭合逐步走向开放

往昔之环境司法具有显著的闭合性,即无论是公法领域还是私法领域,皆表现为闭合的诉讼。如在私法领域,公民或法人因自身的环境权益受到侵害而提起之民事诉讼,与其他类型之民事诉讼并无二致。而今日之环境司法,尤其是环境公益诉讼,虽仍以民事权益为主要保护对象,但其闭合性已不严密,无论是案件当事人还是诉讼程序,其司法过程被社会广泛参与,从而具有一定的开放性。

近年来具有典型意义的环境公益诉讼案件,比如泰州天价环境公益诉讼案、腾格里沙漠环境污染案、常州土地污染案等,具有如下基本特征:首先,在外观上表现为环境要素被破坏的环境污染事件;其次,上述环境污染事件被媒体、公众、环保组织等广泛关注;再次,上述案件经由相关组织提起了环境公益诉讼,或者被公安机关进行侦查进而进入了司法程序;最终,上述案件皆以民事、刑事或者行政案件等诉讼类型进入了司法程序,从而使得案件的运行始终在社会的参与之下,案件从外观上具有开放性。

二、环境司法所保护法益从单一走向复杂

传统之环境司法,无论是刑事司法还是民事领域,皆表现为对单一法益的保护。如传统之环境犯罪惩治,其意旨在于保护国家之"环

境资源管理秩序"①,而传统之环境民事诉讼,则在于保护民事主体在生态环境领域的权益。今日之环境司法,无论是犯罪惩治还是权益维护,皆已超出单一法益之范畴,如环境犯罪惩治除了惩罚犯罪之外亦有了保护生态的意味,而今日之环境公益诉讼,则具有显著的法益复合型,其"环境公益"的司法标的既是不特定人的私益的复合,又包含着一定程度的国家利益与公共利益。

上述环境司法所保护法益的复合型在司法案件中具有显著表现。比如在环境民事公益诉讼案件中,司法机关在判决中除确定排污者的民事责任之外,已经开始对环境污染所造成的损害进行精细化的评估,除了承担补偿责任之外,开始了填补责任的追求;② 在环境刑事案件中,除了确定行为人的罪名之外,还开始了精细化量刑的尝试,以期对行为所侵害法益的类型和大小进行较为精细的识别与度量。

三、环境司法的运行逐步走向专门化轨道

传统的环境司法活动嵌合在整体司法活动之中,虽依性质不同,分民事、行政、刑事而行不同之司法程序,但其司法过程与其他类型之案件并无差别。而今日之环境司法活动,显然已逐步从非环境领域的案件脱离出来,走上了一条专门化司法的道路,并且有绝尘而去的倾向。环境司法应否走专门化道路及其路径如何设计,是学者们颇多关注与着力的领域,但不管作如何理论阐释或者解释,环境司法的专门化在我国已经成为现实。对已成之事实虽已无建构之必要,但却可成为评价之标的。

环境司法之专门化在实践领域具有多个层面的表现。就司法实践而言,审判机构专门化已经成为全国之势。最高人民法院 2014 年 6

---

① 刑法传统学说认为,破坏环境资源保护罪侵害的客体是国家的环境资源管理秩序。
② 如泰州天价环境公益诉讼案。

月成立环境资源庭之后,各地高级人民法院、中级人民法院亦先后成立了一批环境法庭,部分基层人民法院也成立了环境资源庭。在审判机构专门化之外,环境资源审判人员的专门化也已经开始了实践。由具有环境资源专门知识的人员从事环境资源审判已经成为共识。另外,关于环境资源审判过程中是否需要专门化的程序的探讨也已经开始。

观今日之环境司法,很多实践已然超越了理论研究者的想象。生态文明建设需要环境司法,是一个公理性、常识性认知,但环境司法该如何服务于生态文明建设,却是从宏大命题走向图景编织的过程。图景的细腻编织需要我们有清醒的价值认知,即:环境司法作为一种微观活动,其目的为何?效果如何?价值何在?环境司法活动对公民有什么意义?

第二节 环境司法的效能及其评价路径

司法效能问题并非当下中国理论与实务界探讨的核心问题。本书以司法效能为关键词对环境司法相关问题展开探讨的主要目的是:将环境司法这一当下在实践场域轰轰烈烈展开的司法实践活动置于理性视角之下进行系统观察,明晰环境司法的价值与目的,并由此定位与分析环境司法活动中的参与主体的行为样态与社会心理,以尽量使环境司法在法律价值轨道上运行。

笔者认为,对司法活动进行效能评价,是一种科学性与技术性相结合的活动。效能评价的科学性要素表明,对某类活动进行效能评价的前提是明确此类活动的基本价值,即该类活动具有效果的表征是其具有正向价值。① 当活动或者行为具有正向价值时即可评价为具有效果。效能评价的技术性要素表明，对某类活动进行效能评价的技术路线需能较好评价出该类活动的正向价值的大小。

依据上述司法效能评价的科学要素与技术要素，我们可知，环境司法的效能评价需要解决以下两个层面的问题：

一、明确环境司法的价值形态

环境司法的价值形态的确定应以司法之价值形态为依据。环境司法作为司法之一种，应有司法活动之基本规律与特征，在价值上也应与司法价值实现贯通。"司法活动作为适用法律解决纠纷的活动，就是要对社会中存在的遭到破坏和扭曲的权利义务关系加以矫正，对已经出现的冲突予以合理的公正的解决，从而预防和消除冲突的发生"②。司法的价值主要包括公正与效率，且为司法的基本价值目标，"公正是司法的理想追求，其内涵是不确定的；效率建立在资源稀缺性的观念基础上，是司法经验的实际取舍。司法价值体现的是公正与效率的整合。在司法实践中，应根据情况的不同来决定公正和效率的价值取向"③。

由上述分析可知，环境司法的价值形态应与司法的价值形态实现贯通，并在司法的价值形态指引之下而生成。换言之，既然司法活动的价值在于以公正为基础的公正与效率的平衡，那么环境司法活动无论在宏观的价值形态还是微观的个案形态中，都应以公正为基本的价值形态，并建立起以公正为衡量标准的效能评价体系。上述观点表

---

① 正是在这个意义上，刑法学中存在着犯罪行为"结果无价值"还是"行为无价值"的理论界说。

② 贾国栋：《论司法公正价值的整合》，载《南京社会科学》2007年第3期，第106页。

③ 毛卉、王安异：《司法的价值取向——理想与经验的整合》，载《华中科技大学学报（社会科学版）》2001年第2期，第12页。

明,从司法体系整体而言,效率与公正是环境司法的价值形态,而在微观个案中,由于当事人个体对效率的追求往往从属于对公正的追求,因此环境司法个案的价值应以当事人个人对案件是否得到公正裁决的评价为重要的价值追求。

二、度量环境司法价值大小

司法作为一种法律实践活动,其基本功能在于纠纷的解决。环境司法作为司法活动之一种,其基本功能也在于纠纷之解决。纠纷解决有多种机制,法律机制是最文明的解决方式。纠纷解决方式之选择与纠纷之性质、样态等不无关系:民事纠纷因当事人地位平等、不涉公权力,故其解决方式可基于当事人合意而进行仲裁,而行政案件或刑事案件,因涉及国家之管理或当事人之核心利益,故其解决方式往往法定,行政诉讼或刑事诉讼皆为此功能之载体。

在明确了环境司法的价值形态与司法活动的价值形态具有一致性之后,我们尚需回答:如何来明确环境司法价值实现的程度?即:公正如何实现?公正的实现程度如何?环境司法活动作为裁定当事人环境纠纷、分配当事人环境权益的司法活动,不同类型的当事人(政府、企业、公民)的权益如何通过司法活动而得到恢复性调整?在环境司法活动中是应采整体主义正义观还是应关注个案的公正?环境司法的价值评价与其他司法活动的价值评价有无分别?①

对环境司法进行效能评价的技术关键在于:在确定了环境司法的价值在于公正之后,我们是应采取整体主义方法进行评价还是采取个别主义方法进行评价?即:环境司法领域的公正是作整体法治状态的

---

① 我们已经看到,在生态环境领域弥漫着浓厚的整体主义正义观。在这种整体主义正义观下,环境保护被政策化、观念化甚至虚无化,相比较于生态环境的好坏,更多的人在更多的时候似乎更加关心主观心理上对环保效果的感受,而对客观上生态环境是否得到切实改善则重视不够,这是值得关注且需要引起人们警惕的。

评价还是进行基于个案公正与否的个别评价？上述问题的回答，有赖于我们从微观上对环境司法的目的进行考察，尤其是要明晰环境司法与环境保护的关系问题。

第三节 环境保护不是环境司法的首要目的

环境保护作为当前人类群体或者个体的行为，既具有整体主义意味，也具有个体的实践映射。当环境保护作为个体行为时，不管其动机如何，其目的是单一的，即为了保护环境。在个体环保模式下，环境保护的目的不仅具有直接性，也具有可测量性。

上述原理是清晰、明确的，但将环境保护与司法活动结合在一起时，环境保护的目的与司法活动的目的往往容易被混同，容易使人们在价值确定与选择上产生迷离。

有论者认为，环境司法的目的在于环境保护。[①] 笔者认为这种观点是相当偏颇的。其主要理由如下：

一、要避免环境保护的目的正当性与环境司法的目的的混同

环境保护尤其是作为社会政策的环境保护，是国家发展到一定阶段后，基于生态环境承载度的有限性而迫不得已所作出的一项社会政策。作为社会政策的环境保护的正当性，并不能表明它是人类整体或者国民个体所追求的唯一价值。"如果过分强调公共政策的权威，又不可避免地会与法律的权威产生冲突，构成对法治的威胁"[②]。在一个国家或社会，环境保护政策实际上与经济发展政策、人口政策等结合

[①] 持此种论调者，主要是各级各类环保组织的成员，也有部分环境司法工作者，甚至包括了一部分环境法学者。

[②] 袁明圣：《公共政策在司法裁判中的定位与适用》，载《法律科学》2005年第1期，第62页。

在一起，其本身是有政策边界与适用限度的，从这个角度而言，动员所有社会资源（包括司法资源）去实现环境保护政策是不可能，也不可取的。环境政策与经济政策等共同构成国家的发展政策，其有效实施既依赖于经济政策，也服务于经济政策，不可能也不应该作为社会的单一价值，因此将环境保护直接设置为环境司法的目的，割裂了环境保护与社会系统的功能联通，忽视了司法的独立价值，是不客观的。

上述将环境保护的目的正当性直接作为环境司法的目的的思维在实践中的表现，就是将环境司法手段化，即将环境司法作为环境保护的重要手段，在现实中表现为将环境司法活动直接作为环境保护的推手、推力，甚至动力。在此种思维主导之下，环境法庭在案件裁断中往往超越既有法律文本，而依据环境保护的目的需要调校实体法的相关标准，希望裁决结果能够直接回应环境保护的需要。从而，排污企业往往得到了有罪或者承担民事责任的判决，而判决理由在排污企业看来，却并没有像传统司法活动中那样"证据确实、充分"，裁判理由的说理部分也往往较为薄弱。如此将环境司法手段化的做法，既有环境司法工作者自身对环境保护的价值追求在内，也有作为诉讼参与人的环保组织等社会组织的推动在内。可以说，环境司法的手段化是社会各界有意或者无意助推的结果。

二、将环境保护设置为环境司法的目的忽视了环保工作的复杂性

环境保护作为一项基本国策，其正当性不容置疑，但在实现环境保护的过程中，尚需多个系统的有效运作，比如污染防治、生态保护、循环经济以及应对气候变化等。在上述多个系统之中，国家、企业与公民的行为均有可能造成对其他法律主体的既定法益或者期待利益的侵害或者威胁，从而产生纠纷。司法作为一种纠纷解决机制，是人类文明发展到一定阶段的产物，司法的对象只能是具象化的纠纷，

而非诸如环境保护这样的社会政策。换而言之,环境保护的目的需要具体化为纠纷解决中的判定标准,而这种标准的确立首先需要通过立法方式确定相关主体在生态环境领域的权益的正当性与合法性。从这个角度而言,环境司法过程中的裁量依据只能是实定法而非基于理念与社会政策的概括意义上的环境保护。

近年来所呈现的将司法方式作为环境保护手段或者将环境保护作为环境司法的目的的现实在本质上忽视了法治价值的独立性,忽视了上述环境司法与环境立法的关联性,是需要及时警醒与反思的。我们不怀疑典型个案对环境保护工作尤其是公民环境意识的推动,但司法案件作为纠纷解决的法定方式,若忽视既有法律尤其是环境领域的民事、行政、刑事案件的实体法基础,省略法律逻辑,而直接以形式逻辑的方法,把"一切裁决都要有利于环保"作为司法标准的话,则可能导致公民刚刚建立起来的弥足珍贵的法律意识、法律观念在"环保主义"的旗帜之下被丢弃于墙角,而如此之下所建立起来的环保秩序也注定是不稳固的。

三、将环境保护设置为环境司法的目的将可能导致司法裁判的不公

司法活动尤其是狭义的法院司法活动所具有的重要特征之一即为中立性。如果将环境司法的目的直接设置为保护环境,则有可能使司法官在司法裁决中作有罪推定或者在利益分配上作出不利于被告的心理预判。无罪推定与程序正义是司法文明发展的最重要成果。虽然法官作为一国之国民尤其是高素质群体之一员,具有环境保护的公共素质,也痛恨严重污染环境之行为,但在司法活动(如刑事诉讼)中,对涉嫌污染环境罪之刑事案件应保持中立之心,须按照《刑事诉讼法》的要求,既收集证明被告人有罪的证据,也收集证明被告人无罪的证据,既收集证明被告人罪重的证据,也收集证明被告人罪轻的证据。在民事诉讼中，法官则更应以平等之心对待污染受害者与污染排放者，而不应以环境保护之最高目的直接推定污染者应承担更多的道义责任或法律责任。

综上所述，将环境司法活动的目的设置为环境保护忽视了环保工作的复杂性，存在将环境保护的目的正当性替代环境司法的价值的危险，在现实中有可能导致司法官一定程度上的裁判结果预设，有可能出现追求整体环保效果，而忽视个案公正的现象。

第四节　个案公正应是环境司法的目的

公正是法治的生命线，也是司法的核心价值观。让人民群众在每一个案件中感受公平正义是当前我国司法工作的基本目标。推进以审判为中心的诉讼制度改革中，个案的公正裁决仍是其核心目标。环境司法作为司法活动之一种，虽然具有一定的特殊性，但在本质上仍然属于司法活动，在现实层面上仍然表现为具体的个案。无论是环境民事案件、环境刑事案件还是环境行政案件，案件中的当事人无论是政府、企业还是公民，法院在司法裁决中，仍应坚持其中立性，坚持诉讼程序，努力做到公正裁断。

就环境司法的个案裁决来说，笔者认为有以下几个方面是需要注意的：

一、坚持调查研究，提高环境司法中事实的确认程度

环境案件尤其是环境刑事案件，其案件事实的确认往往难度较大。在环境刑事司法过程中，若司法机关仅仅依赖公安机关移送过来的案卷而进行相关活动，则往往导致对案件事实的确认不能有效实现。我国《刑事诉讼法》第55条规定，"对一切案件的判处都要重证据，重调查研究，不轻信口供"，这在环境刑事案件中尤其重要。环

境受到污染与企业的相关行为之间的关联性，甚至环境受到污染的实际情况往往是比较复杂的，如果办案人员仅仅依据案件中相关人员的口供或者公安机关提供的书证等定案，则可能存在一定的错案风险。在环境民事案件中，因存在调解程序，事实确认或者责任判定往往在原被告之间进行协商，从而存在虽事实确认不清楚仍案结事了的情形。但在环境刑事案件中，若公诉机关不能做到"事实清楚，证据确实、充分"而提起公诉，则会造成法院在审判过程中工作量较大。在目前我国的司法现状之下，对于公诉机关所提起的公诉案件，法院进行无罪或者罪轻的判决的比例相对较小，此种情形之下，若环境被污染的事实及其责任判定的证据不够充分的话，将会带来错案的风险。

笔者认为，除了依据《刑事诉讼法》的规定，公诉机关一定要讯问犯罪嫌疑人之外，环境案件尚需到现场进行调查研究，尤其是对企业的生产流程、排污设施的运转与基本原理、涉嫌企业在设立及运行过程中的环境影响评价与环境监管情况进行较为细致的考察，并将上述调查研究结果与公安移送的案卷进行关联性思考，对于缺失的证据应要求公安机关及时补充侦查。对于经调查研究与补充侦查后仍不能达到《刑事诉讼法》中规定的"证据确实、充分"标准的案件，该撤案的就撤案。

二、坚持以庭审为中心，避免环境案件中的依卷裁决

实质化庭审是以审判为中心的诉讼制度改革的重要构成，是保证司法公正的重要路径。党的十八届四中全会通过的《中共中央关于全面推进依法治国若干重大问题的决定》中规定，"保证庭审在查明事实、认定证据、保护诉权、公正裁判中发挥决定性作用"。在当前，"既应当防止法官在开庭之前受到检察机关移送至法院的案卷材料的影响，形成'预断'；又应当防止在庭前会议上提前研究与被告人定罪量刑有关的实质性问题，以及强行解决非法证据排除问题，导致庭

审功能前置；还应当注意规范法官的庭外调查活动范围，防止庭审功能外移"①。

在环境刑事司法中，坚持以庭审为中心是案件得到公正裁决的重要保障。由于环境污染刑事案件属于技术型复杂案件，公诉机关未必形成严密的事实确定与证据体系，也很难对环境案件形成类型化、格式化的事实认定方式或者证据获取方式，因此应高度重视这类案件的庭审工作。在环境案件的庭审过程中，既有案卷虽是案件运行的重要依托，但实质性开庭中的举证、辩论等依然具有重要价值，与传统案件相比甚至更具有价值，若在案件中不做到实质性开庭，则在案件的事实认定、证据能力、证据证明力等方面都可能出现问题，尤其是在目前基层公安机关对环境污染刑事案件证据形成能力普遍存在不足的背景下。

三、完善辩护制度，提升对案件关键证据的质证水平

辩护制度是刑事诉讼中保障被告人权利的重要制度。"一个具体的司法判决在事实上它应当是确定的，而实际上它也是唯一的。这就使得人们有理由对这个确定的唯一的判决进行评头论足，能够从不同的角度、运用不同的标准指责它的不公正"②。在环境污染刑事案件中，由于被告人对刑法及相关司法解释的认知有限，对自身行为是否构成犯罪的认知往往也是有限的。涉嫌环境污染犯罪的当事人从事排放污染行为时的主观心态往往是为追求经济效益而放任危害结果的发生，因此其对行为所造成的后果往往缺乏足够的恶感，甚至缺乏罪感。基于上述原因，从事污染环境的行为人在法庭上充分辩护以及委托律师对定罪量刑相关问题进行有效辩护就显得非常必要。在环境刑

---

① 陈光中：《推进"以审判为中心"改革的几个问题》，载《人民法院报》2015年1月21日第5版。

② 董皞：《司法功能与司法公正、司法权威》，载《政法论坛》2002年第2期，第38页。

事司法过程中,对于是否入罪的关键证据,尤其是涉及是否存在刑法上的因果关系,以及污染物的浓度、财产损失的数额、排放物质是否属于刑法管控的物质等关键核心证据,法庭要允许充分辩论,要允许被告人的辩护人或者聘请的专家及其他有专业知识的人在法庭上充分发表意见,这对于提高案件关键证据或关键性问题的质证水平,保障案件的公正裁决具有重要意义。

第五节 个案公正与当事人的正义观

在确定个案公正是环境司法效能评价的主要测量标的之后,我们尚需对当事人的正义观进行考量。当事人的正义观决定着当事人对案件进程的考量,若当事人认为裁判不公,则有可能上诉或者申诉,从而对司法官的公正观形成制约。此处所谈的环境案件当事人,主要指与司法机关相对应的环境司法活动中的自然人或法人。在现实中,这里所指的当事人往往是作为排污者的自然人或者法人的代表人。[①]

一、环境案件当事人对个案公正的判断标准存在差异

对个案是否公正的评价,是当事人对司法活动效果或价值评价的必然结果。毫无疑问,无论是民事案件、行政案件还是刑事案件,当事人对司法活动的评价一定是围绕自己的利益或者期待是否被满足以及在多大程度上被满足而展开的。在个人正义感以及社会正义观的指导下,涉入纠纷的当事人将会对纠纷解决方案的提供者——法院的司法活动的效果进行自觉或不自觉的评价,虽然法院的司法文书所体现的公正可能与当事人所理解与期待的公正尚有距离。

---

① 也包括刑法所规制的应承担刑事责任的企业中的"直接负责的主管人员和其他直接责任人员"。

第二章
环境刑事司法的效能与目的分析

需要注意的是,环境案件中当事人的公正观可能与法院的公正观具有较大差异。环境问题的社会性以及由此带来的环境纠纷中法益类型或主体的模糊性可能是上述公正观产生差异的主要原因。在传统纠纷中,当事人权利受到侵害的样态可以较好地实现类型化,并程式化地进入司法程序,其裁判结果与当事人的朴素正义感或公正观的匹配程度较高,当事人甚至可以较为精确地预知裁判结果,如欠债会被判还钱,故意杀人会被判有罪。但在环境污染或者生态破坏类案件中,当事人对行为所持的正义感或者公正观的自我体认变得模糊或者具有差异:有些人并不认为自己的排污行为侵害到了谁的利益,也并不认为自己的行为应受到谴责,而部分人则可能会认为上述行为具有法益侵害性或者危险性,因而排污行为应受到谴责、受损的利益应该得到填补或行为人应该受到惩罚。

当事人对个案公正的判断标准具有较大的差异,是当前环境司法领域的现实情况。法律正义是社会正义的法律形态,其内涵往往滞后于社会正义。社会处于演进之中,社会正义的形态也在发生变化。对污染环境行为是否应承担法律责任、承担何种形式的法律责任以及承担法律责任的大小的公众认知的生成需要一定的过程,尤其是在中国这样的发展中国家。在一定程度上,公众对环境法律责任的认知过程同时也是一国生态文明建设过程中公民法律素质的养成过程。

当事人对环境案件个案公正判断标准的差异,在环境司法领域呈现出多种样态。典型样态有:在民事诉讼领域,被告对己方侵害行为是否造成侵害以及所造成的侵害的大小、损失是应填补还是补偿、谁是有权利接受填补或者补偿的主体、己方行为非正当性的程度、己方所承担责任的大小与己方行为之间的相当性等问题往往与原告主张存在差异;在刑事诉讼中,当事人对被告人的相关行为是否应承担刑事责任以及承担刑事责任的大小、被告人接受刑事处罚的必要性等问题的认识存在差异,在单位涉嫌环境污染的刑事诉讼中,当事人还存在刑事责任在直接责任人与单位主管人员间如何分配更公正的问题等。

二、环境案件当事人个案公正判断标准存在差异对司法活动的影响①

上文已经言及,环境案件中当事人对个案公正的判断标准存在差异。这种差异使得环境司法活动与传统司法活动在正义观念上呈现出一定的不同,集中表现在如下两点:

(一)环境案件当事人对案件的裁判结果的预测能力较低

由于部分环境案件当事人仍然秉持传统的公平观或正义观,在环境民事诉讼中往往存在如下不确定的状态:侵权者对己方之侵权行为是否应承担法律责任或者承担法律责任的大小往往存在侥幸心理,被侵权者或者利益受损者由于自己的权益被侵害并非传统典型民事侵权形态,在受损利益是否必须被填补方面也存在着一定程度上的不确定,这使得环境民事诉讼中出现了一种与传统典型民事侵权案件不一样的形态:原被告双方对案件的责任归属与利益填补的明确性降低,对裁判结果的预测信心也降低,甚至有些案件中,被侵权者或利益受损者对自己的利益应否被填补产生怀疑,诉讼中双方的冲突性与其他案件相比显著降低。②

对裁判结果预测能力的降低在刑事领域也有表现。由于过往刑事政策在治理污染领域相对孱弱,我国公民或企业对污染环境是否应承担刑事责任以及刑事责任的大小问题并没有内化为内心操守或道德准则,这使得坐在法庭被告席上的被告人往往并没有太多羞耻感,旁听席上的社会公众对其行为的罪感或恶感的判定也存在差异。在这种情形下,被告人对案件的裁判结果的预测使得诉讼具有两种可能的走

---

① 由于笔者知识与关注领域有限,对环境行政案件的微观运行过程及其特征不甚了解,故此处不作涉及。

② 这也是部分环境民事案件具备以调解方式结案可能性的原因之一。

第二章
环境刑事司法的效能与目的分析

向：第一，认为自己虽然排污但不应为罪，全力辩护，希望判决能够对己方有利；第二，自己虽然排污，也可能符合污染环境罪的构成要件，但仅应承担相应的责任，希望被轻判，于是亦与检察官针锋相对，并游说法官接受己方意见。

（二）环境案件当事人对案件的裁判结果的接受程度较低

当事人对裁判结果的接受程度是个案公正与否的重要考量指标。案件裁判结果与当事人的正义标准具有较好匹配时，当事人对裁判结果的接受程度往往较高。就个案而言，若当事人对裁判结果接受程度较高，则裁判得到主动执行的可能性增大，当事人往往不再上诉。就某类案件或某个区域而言，若当事人对裁判结果具有较好的接受度，则同类案件的上诉率往往较低。

由于当事人正义观在本质上的个体性，环境案件中当事人对裁判结果的接受程度呈现出较大差异。以环境刑事诉讼为例，初步统计显示，自2013年第15号司法解释颁行以来，全国范围内被判处污染环境罪的刑事案件的上诉率维持在较高水平。当然，从逻辑上来讲，当事人接受一审判决并不表明当事人从内心完全接受检察官的指控与法官的判决，在刑事责任的承担成本显著低于当事人的上诉与改判成本时，当事人也可能事实上接受了判决，但内心并不承认判决。①一些当事人选择放弃二审，接受一审判决还存在一种可能，即污染环境罪的社会评价在某些地区还存在一定的社会接受程度，当事人并不觉得这样的罪名会让自己生活在他人的谴责之中。②

当事人的正义观值得考量的重要意义在于：当法官与当事人在正义观上存在较大差异，或者作为刑事被告的当事人与公诉人之间的正

---

① 这在环境刑事司法中表现得较为明显，如当事人因污染环境罪被判处一年有期徒刑，一审判决作出时已被羁押几个月甚至更长时间，考虑到二审成本及改判的可能性，当事人可能选择接受一审判决。

② 这个判断仅具有预测与推断意味，更具科学性的结论需作相关的深入研究与分析。

义观存在较大差异时，庭审可能变得激烈起来，判决也可能不会得到有效执行，"案结"而"事不了"的情形就有可能发生，环境案件消弭的社会成本有可能就需要外部化了。

上文以法治的整体价值为切入点，对环境司法的价值、目的等进行了基于应然性的分析。其意旨在于，在轰轰烈烈的环保浪潮中，我们不应迷离法治的独立价值，尤其是不能将司法手段化、工具化。良好的环境是我们的基本需求，但纠纷得到公正处理、正义得到恢复或者实现的理想也不应舍弃，司法所追求的公正价值需要我们努力坚持。

我们也应明晰，环境司法中的当事人——无论是司法官还是被告（人）——的行为样态是基于一定的正义观念的，而在环境司法领域里正义观念在不同的群体之间往往具有差异。这些差异的存在让我们警醒：环境司法并非环境保护在司法领域的简单延伸，个案是否能够得到公正裁决以及个案公正裁决背后的正义观念是否能够耦合才是更本质的因素，而这可能是掩藏在环境司法背后的隐秘逻辑。

第 三 章
污染环境罪司法解释适用效果[*]

21世纪以来，我国环境刑事政策呈收紧态势，集中表现为2011年颁布的《刑法修正案（八）》对《刑法》第338条进行了修正，2013年又颁布了办理关于环境污染刑事案件的相关司法解释。本章将以2013年第15号司法解释（即最高人民法院、最高人民检察院《关于办理环境污染刑事案件适用法律若干问题的解释》）的运行状况为切入点，对我国环境污染犯罪的刑事司法状况进行初步分析。

第一节 司法解释施行以来全国环境污染刑事案件的特点

一、全国范围内环境污染刑事案件数量大幅上升

2013年第15号司法解释施行以来，社会各界普遍认为，污染环境罪的入罪门槛降低，利用刑法手段打击环境污染犯罪的刑事政策已正式确立。通过调研及信息收集、整理，我们可以大致了解2013年

---

* 本章主体内容以《污染环境罪司法解释适用研析》发表在《刑法论丛》2016年第1卷。

第 15 号司法解释颁行以来全国环境污染刑事案件的基本状况。

据《中国青年报》从最高人民法院获得的消息，截至 2013 年 12 月，"全国法院共审结以污染环境罪、非法处置进口固体废物罪、环境监管失职罪判罚的刑事案件 100 件，生效判决涉及 97 人，比 2012 年同期分别增长 194％和 76％。其中，审结以污染环境罪判罚的刑事案件 87 件，生效判决人数 97 人，分别增长 295％和 155％；以非法处置进口固体废物罪判罚的刑事案件 3 件，生效判决人数 3 人，而 2012 年同期，人民法院未审理过此类案件"①。见表 3-1：

表 3-1 2013 年度环境污染刑事既判案件数量及生效判决涉案人数情况表

	环境污染类犯罪	同比增加（％）	《刑法》第 338 条污染环境罪	同比增加（％）
判决案件数量	100（件）	194	87（件）	295
生效判决人数	97（人）	76	97（人）	155

据《新京报》报道，2013 年下半年全国公安机关立案侦办的环境污染刑事案件达 247 件。② 而这与 2011 年 2 月颁布《刑法修正案（八）》（将重大环境污染事故罪修改为污染环境罪）之前是大为迥异的。我们可以通过第一章中表 1-1 进行比较。

从上述统计数据可清晰获知：2013 年第 15 号司法解释颁行以来，全国各地侦办的涉嫌污染环境犯罪的案件数量大幅增加，原来所存在的《刑法》第 338 条被空置的状况已经得到了根本改变。

---

① 参见崔丽、王梦婕：《污染环境罪案件数涨 3 倍 97 人获刑》，载《中国青年报》2014 年 3 月 1 日第 3 版。
② 参见金煜：《环境紧急案件公安环保将联合调查》，载《新京报》2013 年 12 月 4 日第 A12 版。

二、环境污染刑事案件发案率呈现出明显的地区差异

根据实地调研、相关媒体报道以及既判案件的司法文书均可以发现一个基本事实,即2013年第15号司法解释颁行以来,全国各地环境污染类案件的侦办案件数量呈现出较大的不均衡性。

(一)实地调研表明环境污染刑事案件发案率呈现地区差异

表 3-2 调研区域环境污染刑事既判案件数量统计表

单位:件

	浙江省嘉兴市	江苏省苏州市	上海市金山区	河北省
2013年6—12月	9	2	1	13
2014年1—5月	—	8	—	41

注:"—"为"不详"。

从表3-2的数据可以看出,所调研的四个地区自2013年第15号司法解释颁行以后所侦办的涉嫌环境污染犯罪的数量是有差异的,其中河北省作为一个省级行政区域与作为地级行政区域的嘉兴市、苏州市、金山区不具有可比性,其数据不具有参考性,但同为地级市的嘉兴市的案件数量明显比苏州市及上海市金山区大。当然通过调研也发现,嘉兴市与苏州市的发案类型具有较大差异,嘉兴市2013年侦办的9起案件都是自然人犯罪,而苏州市2014年侦办的案件全部为法人犯罪案件,这也表明两地的企业形态及司法机关在认定犯罪主体方面存在较大差异。

(二)公开数据表明环境污染刑事案件发案率呈现地区差异

据河北新闻网报道,"2013年11月18日至2014年5月31日,河北省公安、环保部门联合开展打击环境污染违法犯罪"利剑斩污"专项行动……抓获犯罪嫌疑人1494人……查处治安案件1793件,处理违法人员2276人,检查排污企业31869家/次,发现环境违法企业

2329 家,取缔 1304 家,责令整改 796 家,行政处罚 364 家"①。相关数据如表 3-3 所示:

表 3-3 河北省 2013 年 11 月—2014 年 5 月环境污染案件数量统计表

刑事立案数	刑事破案数	犯罪嫌疑人数	治安案件数
1434(件)	1101(件)	1494(人)	1793(件)
检查排污企业数量	环境违法企业数量	取缔生产点	行政处罚企业数量
31869(家/次)	2329(家)	1304(家)	364(家)

从表 3-3 可知,河北省在打击环境污染犯罪专项行动中取得了巨大战果,刑事案件立案数与破案数量均达上千件,这在全国是不多见的。这也表明 2013 年第 15 号司法解释颁行以后,环保与公安等行政机关以此为立案标准查办理了大批涉嫌刑事犯罪的案件,这在以前是根本不可能的。

据新华网从浙江省高级人民法院获得的消息,"2013 年,浙江有 35 人因污染环境被判刑,最高被判处 3 年 6 个月有期徒刑,浙江法院一审审结污染环境罪案件 22 件,一审审结环境污染损害赔偿责任纠纷案件 12 件"②。

据中新社从广东省环保厅获得的消息,"2013 年,广东省环保部门共向公安机关移送 89 宗涉嫌环境污染犯罪案件,公安机关受理 74 宗,各地法院已判决 7 宗,入刑 11 人。至 2014 年以来,广东省环保部门共向公安机关移送涉嫌环境污染犯罪案件 111 宗,各地法院已判决 14 宗(部分是 2013 年移送案件),入刑 23 人"③。

---

① 张娜:《河北"利剑斩污"破获案件 1434 起 抓获嫌犯 1494 人》,https://hebei.hebnews.cn/2014-06/25/content_4005820.htm,2014 年 12 月 24 日访问。
② 韦慧、裘立华:《浙江 2013 年 35 人因污染环境被判刑》,https://www.163.com/news/article/9HEGBC6700014JB5.html,2014 年 10 月 12 日访问。
③ 许青青:《广东 34 人因涉嫌环境污染犯罪获刑》,http://www.chinanews.com/fz/2014/09-27/6636642.shtml,2014 年 10 月 22 日访问。

第三章
污染环境罪司法解释适用效果

据《齐鲁晚报》报道，2013年第15号司法解释颁行以后，山东省"打击此类犯罪力度空前。去年（2013年，笔者注），全省共破获环境污染刑事案件233件，抓获犯罪嫌疑人296人；今年（2014年，笔者注）以来，全省已破获案件118件，抓获犯罪嫌疑人233人"①。

据人民网从湖北省环保厅获得的消息，2013年第15号司法解释颁行以后，"湖北共查办环境污染犯罪案件14件，刑拘46人，判刑10人，其中今年（2014年，笔者注）6月份以来5件，有力震慑了违法排污企业"②。

据《北方新报》报道，2014年9月10日，内蒙古首例环境污染犯罪案件在杭锦后旗法院公开审理。经审理查明，"南光化工有限公司法人南光，伙同、指使被告人南江、郭伟、王彦军，向杭锦后旗沙海镇丰产村段大排干、向阳村段三排干等地点倾倒工业废盐酸55车，共计2877.48吨"，造成严重环境污染，后果特别严重。法院当庭宣判："判处被告单位南光化工有限公司犯污染环境罪，处罚金80万元；被告人南光犯污染环境罪，判处有期徒刑3年，并处罚金15万元；被告人南江犯污染环境罪，判处有期徒刑1年6个月，并处罚金7万元；被告人王彦军犯污染环境罪，判处有期徒刑1年4个月，并处罚金6万元；被告人郭伟犯污染环境罪，判处有期徒刑一年，并处罚金5万元。"③

据中新网报道，2013年11月18日，云南省寻甸县人民法院对备受社会关注的"牛奶河"水污染作出一审判决。昆明市东川通宇

---

① 杜洪雷：《山东今年233人污染环境涉罪 人数接近去年全年》，http://www.chinanews.com.cn/sh/2014/05-12/6160047.shtml，2014年10月28日访问。
② 鄢振刚：《湖北向污染宣战 查办环境污染犯罪案件14起刑拘46人》，https://www.chinanews.com/df/2014/10-29/6728279.shtml，2014年10月23日访问。
③ 白忠义、安水兰：《内蒙古首例环境污染刑事犯罪案件宣判 4人获刑》，https://inews.nmgnews.com.cn/system/2014/09/11/011533025.shtml，2014年10月23日访问。

选矿厂、昆明兆鑫矿业有限公司、昆明东海矿业有限公司"在未取得环保设施竣工验收手续的情况下，擅自生产铜精矿"，"三被告单位均私设暗管，将含有二硫化碳、砷、铅、镉等物质的生产废水排入小江"①。

整理上述媒体公开报道的全国环境污染犯罪的数量情况，可以得到表3-4：

表3-4　2013年第15号司法解释颁行以后东中西部部分省份法院判决环境污染刑事案件数量比较表

	河北	浙江	广东	山东	湖北
2013年案件数量（件）		22	7	233	14
2014年案件数量（件）			14	118	
刑拘或逮捕人数（人）	1494	35	34		46
所属地区	东部	东部	东部	东部	中部

从表3-4中我们可以清晰地看到，2013年第15号司法解释颁行以后，我国东中西部地区法院判决的案件数量呈明显的不均衡分布状态，经济发达的东部地区如浙江省、山东省、广东省等案件数量较多，而经济处于发展过程中的中部地区如湖北省案件数量处于中间状态，广大的西部欠发达地区如内蒙古自治区、云南省等案件数量非常有限，比如区域广袤、工矿业发达的内蒙古自治区直到相关司法解释颁行一年多以后才判决了全省的第一件环境污染类案件，②这不得不

---

① 《云南东川"牛奶河"案宣判　三被告单位获罪》，https://www.chinanews.com/fz/2013/11-18/5516691.shtml，2014年10月23日访问。

② 参见白忠义、安水兰：《内蒙古首例环境污染刑事犯罪案件宣判　4人获刑》，https://inews.nmgnews.com.cn/system/2014/09/11/011533025.shtml，2014年10月23日访问。

引起我们的深思。

(三) 环境污染刑事案件发案率呈现地区差异的可能原因

从上文分析可知, 环境污染刑事案件的发案率在实践中存在较大的地区差异, 集中表现为东部多、西部少, 笔者认为出现上述差异的可能原因有:

第一, 东中西部工业产业规模存在差异。我国改革开放四十多年以来的现代化建设主要是围绕工业化与城市化进行的, 而在工业化进程中, 东部地区是重点。改革开放四十多年以来, 东部地区设立了大量的开发区, 通过招商引资, 设立了大量企业, 工业规模不断扩大。相关资料表明, 东部地区的江苏、浙江、上海等部分区域已经基本实现了经济现代化, 比如江苏省昆山市 2014 年有各类民营注册企业 2 万多家, 而在 2008 年的时候有 1.87 万家, 2002 年的时候只有 6495 家, 而这些企业中多数为工业企业。企业的大量增加尤其是工业企业的大量增加, 客观上增加了污染物排放的数量, 使得东部地区有限的土地面积上的环境容量相形见绌, 也使得污染物的排放对居民的直接影响被放大, 这应该是东部地区环境污染类案件高发的主要原因。

第二, 不同省份之间产业结构存在差异。在上述分析中我们看到, 河北省查处的涉嫌污染环境罪的案件数量在全国居于首位。笔者认为之所以出现如此状况, 一方面与河北省高度重视通过刑法手段惩治环境污染犯罪有关, 另一方面也因为河北虽然处于东部地区, 但其产业结构较为低端, 工业门类中冶炼、化工、印染等企业数量众多, 且多数为中小企业, 这些企业防治污染的设施与技术有限, 向外界超标排放重金属的企业数量众多。相比之下, 江苏、上海、浙江这些经济先发地区, 由于经济发展起步较早, 企业转型升级的水平较高, 企业防治污染的设施与技术水平在全国处于领先水平, 因此虽然这些区域的企业密度超过河北省, 但在污染环境罪的发案率上是低于河北等省份的。

第三，东中西部环境执法水平存在差异。不同区域之间经济发展水平、企业数量、产业结构等的差异是导致其环境污染犯罪数量存在差异的客观原因，但不可否认的是，环境执法水平的差异也会影响到案件的发案率。我国东部地区如山东、浙江等环境管控力度较大，省、市、县等建立了较为有效的环境保护行政管理，有的地方的环境保护行政管理或行政监察甚至到了乡镇一级并与污染企业实现了监控绑定，① 而中西部一些地方尤其是西部地区，环境监管还处于较低水平，尤其是在作为中国基层管理的县域范围内的环境监管的效果还有待提高，这也对涉嫌环境污染犯罪行为的查处产生了影响，客观上也影响了环境污染犯罪的发案率。

第四，其他一些差异性原因的影响。企业性质、企业规模等在各地区存在差异，会对污染环境罪的发案率形成影响。比如中央所属大型企业，分支机构在地方的环境违法行为被地方行政机关侦办查处的可能性和力度与地方所属民营企业存在巨大差异。② 另外，经济发展所处阶段而产生的环境政策的地方化，也会对环境污染犯罪的发案率产生影响。虽然我国实行较为严格的环境保护政策，但由于中西部地区尤其是西部地区经济欠发达，有的地区还处于工业化的早期，政府出于财政的需要，当地民众出于就业的需要，使得当地政府与民众对污染物的排放在未造成直接伤害的前提下保持了适度容忍甚至默许，

---

① 比如在江苏省苏州市，各种企业数量众多，排放型企业的绝对数量巨大。为了应对日益严峻的环境监管工作，吴江区等各乡镇的乡长、镇长皆配置了环保助理，与属于区环保局的环境监察人员直接对接，对辖区内的排放型企业进行常态监管。

② 最为典型的形态是，属于中央直属的能源型、资源型企业或者虽然属于地方但被定性为"省属企业"等带有隐性行政级别的企业，它们及其子公司或者关联企业的涉嫌环境污染的违法行为受到查处的可能性要远远小于民营企业。比如环境保护部曾对某省属大型煤炭企业作出行政处罚，处罚理由是其被核定年产量400万吨的矿井在没有履行环境影响评价许可的前提下擅自扩大产能至年产量700万吨。对于此种违法行为，当地环境保护行政管理机关不可能不知晓，但直到三年之后的2011年7月，环境保护部才以"环法〔2011〕56号"的行政处罚决定书对其进行处罚。

客观上也消解了环境污染案件的查处与刑事案件的发案率。①

三、重金属与危险废物是环境污染犯罪发案的主要物质

2013年第15号司法解释明确了《刑法》第338条"严重污染环境"的具体标准,确定了14种入罪类型。② 通过调查研究、文献研究可发现,上述14种入罪类型在司法实践中呈现出明显的不均衡性。

（一）数据分析表明重金属与危险废物犯罪处于前列

我们以经济较为发达、民营企业数量众多的浙江省温州市为例来说明。据报道,"2013年下半年以来,温州两级法院一审共审结环境污染犯罪案件34件,其中,偷排重金属废水32件,非法倾倒生产废酸2件。这34件案件主要分布在5个行业：电镀行业27件,皮革加工行业3件,金属标牌加工行业2件,冶炼、酸洗行业各1件。共有

---

① 比如对于发生在欠发达地区的内蒙古腾格里沙漠中的污染事件,媒体认为早已存在,但当地方政府及民众对沙漠中的污染的危害性及违法性并无太多认知,因此此类污染的查处概率要远小于东部地区相关污染事件的查处率,这也直接影响到环境污染刑事案件的查处率。

② 即："（一）在饮用水水源一级保护区、自然保护区核心区排放、倾倒、处置有放射性的废物、含传染病病原体的废物、有毒物质的；（二）非法排放、倾倒、处置危险废物三吨以上的；（三）非法排放含重金属、持久性有机污染物等严重危害环境、损害人体健康的污染物超过国家污染物排放标准或者省、自治区、直辖市人民政府根据法律授权制定的污染物排放标准三倍以上的；（四）私设暗管或者利用渗井、渗坑、裂隙、溶洞等排放、倾倒、处置有放射性的废物、含传染病病原体的废物、有毒物质的；（五）两年内曾因违反国家规定,排放、倾倒、处置有放射性的废物、含传染病病原体的废物、有毒物质受过两次以上行政处罚,又实施前列行为的；（六）致使乡镇以上集中式饮用水水源取水中断十二小时以上的；（七）致使基本农田、防护林地、特种用途林地五亩以上,其他农用地十亩以上,其他土地二十亩以上基本功能丧失或者遭受永久性破坏的；（八）致使森林或者其他林木死亡五十立方米以上,或者幼树死亡二千五百株以上的；（九）致使公私财产损失三十万元以上的；（十）致使疏散、转移群众五千人以上的；（十一）致使三十人以上中毒的；（十二）致使三人以上轻伤、轻度残疾或者器官组织损伤导致一般功能障碍的；（十三）致使一人以上重伤、中度残疾或者器官组织损伤导致严重功能障碍的；（十四）其他严重污染环境的情形。"

66 人被判处刑罚，平均刑期 13 个月，罚金 15000 元"①。整理上述数据可得表 3-5：

表 3-5 温州市两级法院审理的环境污染犯罪入罪形式分布表

单位：件

	电镀	皮革加工	金属标牌加工	冶炼	酸洗
案件数量	27	3	2	1	1

我们另以经济较为发达、环境保护行政管理水平较高的江苏省在相关方面的实践为例来说明问题。相关信息表明，自 2013 年第 15 号司法解释发布以后，"江苏省环境监测中心适应形势，快速启动了环境污染刑事案件环境监测数据认可工作。至今省环境监测中心已受理来自全省各地的监测报告 22 份，经过认真审核，共认可了 20 份监测报告。其中，苏南地区 13 份、苏中地区 3 份、苏北地区 4 份，涉及的内容有电镀废水（8 份）、化工废料与污泥（9 份）及其他（3 份）"②。整理上述数据可得表 3-6：

表 3-6 江苏省环保厅认可的环境污染犯罪监测数据入罪形式分布表

单位：件

	电镀废水	化工废料与污泥	其他
案件数量	8	9	3
入罪类型	重金属超标 3 倍	危险废物 3 吨以上	

我们再以经济较为发达、企业数量众多的山东省为例来说明这一问题。据《齐鲁晚报》报道，山东省"污染环境犯罪主要分为非法排放污染物、非法倾倒污染物和非法处置污染物。去年（2013 年，笔

---

① 张茵、汤婧婧：《温州法院通报 2013 年下半年污染环境犯罪案 66 人判罚》，http://www.chinanews.com/df/2014/06-05/6249358.shtml，2014 年 10 月 25 日访问。

② 《江苏省环境污染刑事案件环境监测数据认可数量快速增长》，http://www.cnemc.cn/gzdt/dfxx/201312/t20131230_656365.shtml，2014 年 10 月 25 日访问。

者注),企业非法排放含有有毒物质的工业废水案件共 147 件,占非法排放案件总数的 89%"①。

据《新京报》报道,各地环保警察查办的涉嫌环境污染类的案件主要有三类:第一类是排放重金属、危险废物 3 吨以上的案件;第二类是超标 3 倍排放重金属、持久性有机污染物的案件;第三类是通过暗管、渗井、渗坑等排放污染物的案件。当然上述三类形态在各地的表现可能具有差异。整理上述内容,可形成表 3-7:

表 3-7 2013 年第 15 号司法解释颁行以后环境污染类案件全国总量前三地区入罪方式比较表

单位:件

	江苏省	山东省	温州市
危险废物 3 吨以上	9	147	2
重金属超标 3 倍以上	8	147	32

通过以上整理分析,我们可以得知,无论是从全国整体状况,还是对江苏省、山东省、浙江省温州市等环境污染类案件多发地区的比较来看,排放重金属超标 3 倍以上和危险废物 3 吨以上是污染环境罪的主要入罪方式。这也表明这两类环境污染的类型在我国是主要的环境污染的类型,值得我们关注与思考。

(二)重金属与危险废物犯罪处于前列的原因分析

重金属超标与非法处置危险废物在实践中成为数量最多的环境污染犯罪类型,可能与下列几个原因直接相关:

第一,2013 年第 15 号司法解释确定的相关标准可较好度量。2013 年第 15 号司法解释的重要目的是解决《刑法》第 338 条污染环境罪入罪标准的明确问题,而该司法解释在制定入罪标准时,对重金

---

① 杜洪雷:《山东今年 233 人污染环境涉罪 人数接近去年全年》,http://www.chinanews.com.cn/sh/2014/05-12/6160047.shtml,2014 年 10 月 25 日访问。

属与危险废物这两类物质采取了各自明确的方式,即通过第 1 条第 2 款规定了"非法排放、倾倒、处置危险废物三吨以上"即可入罪,又通过第 1 条第 3 款规定了"非法排放含重金属、持久性有机污染物等严重危害环境、损害人体健康的污染物超过国家污染物排放标准或者省、自治区、直辖市人民政府根据法律授权制定的污染物排放标准三倍以上的"即可入罪。上述两条入罪标准简单明确,在实践中极具可操作性,环保行政管理机关往往只要具有证明上述两条的证据(环境监测报告或者危险废物鉴定文件),就可向公安机关移送以供刑事侦查,这对于大多数地区的环保行政机关来说并非难事,是较为实用的入罪标准。

第二,重金属与危险废物的排放在我国仍有较大的产业布局。由于我国经济发展整体上还处于工业化过程中,一些地区尚处于从粗放型向集约型转变的过程中,工业门类中的化工、印染、电镀、纺织、电子等容易产生重金属排放的行业规模还较大,作坊式或者半作坊式的小型企业还较多,对重金属物质的技术控制还存在着生产成本与技术水平等的约束,因此重金属在生产中的产生在很多地方还不可完全避免。而对于危险废物来说,由于在合法渠道处理普遍存在成本较高的问题,[①] 企业为了增加利润空间,往往有到制度外去非法处置的想法,加之在 2013 年第 15 号司法解释出台之前,非法处置危险废物的行为较少受到刑法评价,因此部分企业仍然按照原有处置方式进行制度外的非法处置,这也是导致这类案件多发的原因之一。

第三,重金属与危险废物行业的环境影响评价强度有待提升。在有些地区,一些企业数量众多的行业如电镀行业重金属超标排放是非

[①] 如笔者接触到的一起涉嫌以非法处置危险废物方式进行刑事调查的环境污染案件,犯罪嫌疑人通过合法渠道处置危险废物的费用约为每吨 2000 多元,总量 700 吨的危险废物共需约 140 万元,而采取雇用他人非法倾倒的方式处理则仅需每吨 25 元,整个费用只要不到 2 万元。可以说非法处置为其节省了大量的处置资金,这也是这类案件多发的重要原因。

常普遍的现象，若无有效的环境管控，超标几百倍排放的情况都有，这就表明，当初这类企业在进行建设项目环境影响评价时对其重金属的超标可能性、生产工艺流程的可控性、电镀行业企业的存活周期等与环境影响评价密切相关的指标的标准掌握并不能适应环境管控的需要，另外对这类企业进行环境影响评价后的日常监督管理也还可能存在死角，导致这类企业超标排放在某些地区成了普遍现象，这是值得相关地方环保行政管理机关检思的。

另外，2013年第15号司法解释在确定重金属与危险废物的入罪标准时直接采取了数量标准或浓度标准。由于司法解释于2013年6月施行后，各地的宣传力度存在差异，应该说产生上述两类物质的企业在违法性尤其是刑事违法性的认知上是存在差异的，存在一定数量的企业对上述"3倍"与"3吨"将要入罪的标准并无提前认知的情形，这可能也是这类犯罪在污染环境罪的总体数量上居于前列的原因之一。

第二节 2013年第15号司法解释在环保行政机关的适用

2013年第15号司法解释解决了司法实务中污染环境罪入罪标准的设置问题，对于解决以前在环境保护行政管理过程中存在的"以罚代刑"现象，提高环境行政监管的威慑力起到了较好作用。

一、2013年第15号司法解释成为环保机关的重要执法武器

改革开放40多年来，我国环境保护行政管理机关在机构设立、人员配置、经费安排、行政许可、行政处罚、技术装备等方面取得了长足进步，但对于生态环境的监管水平与人民群众的期待依然存在一定差异，正如著名环境法学者汪劲教授主编的著作《环保法治三十年：我们成功了吗》中提出的一样，环境监管尤其是对污染企业的监管力度与

实际效果依然存在较大差异，长期以来，环保行政管理机关尤其是基层环保局对辖区内企业的污染物排放的监管能力受到了公众的较大质疑，环保局能否管好环境甚至成为环保局自身都很难回答的问题。

2013年第15号司法解释的出台，被环保机关普遍认为降低了污染环境罪的入罪门槛，一些行政管控乏力地区的环保局对此欢欣鼓舞，希望借此弥补环境保护行政管理权力硬度有限、强制力有限、支配力有限、效果有限的问题，并在一些地区初步形成了管控力与威慑力。通过调研发现，东部一些环境容量有限的地区长期存在的污染企业既不转型升级也不迁址外地的现象，在2013年第15号司法解释颁行后得到了好转。以前环保局以产业政策、税收政策等为理由劝告污染企业关停并转收效甚微，但2013年第15号司法解释颁行后，当企业被告知若重金属超标3倍等将可能被追究刑事责任时，高污染企业或者技术上不能根除污染的企业主动迁走或关停的比重大大增加。这表明2013年第15号司法解释的环境刑事政策已经成为环境保护行政管理机关进行行政管控的有效威慑武器。

二、环保机关与公安机关在打击环境污染犯罪方面建立了常态机制

环保行政管理机关在环境保护行政管理过程中发现涉嫌环境污染的犯罪要及时移送，是运用刑法手段惩治环境污染犯罪的重要环节，为此，环境保护部、公安部于2013年11月专门以"环发〔2013〕126号"文件下发了《关于加强环境保护与公安部门执法衔接配合工作的意见》，提出了对环境保护行政管理部门的具体工作要求。

调研表明，环境保护行政管理部门对向公安机关移送涉嫌环境污染犯罪案件工作保持了普遍关注，一些地方还具体创制了相关的工作制度，初步实现了移送环节的无缝对接。经济发达地区的环境保护局为了实现涉嫌环境污染犯罪案件移送工作的标准化，将2013年第15

号司法解释中规定的入罪标准的每一项细化分解为具体的工作步骤，并结合《刑事诉讼法》的证据要求与证明标准，提出与入罪标准相对应的证据标准。①

根据环境保护部发布的相关信息，2014年上半年"全国共处罚环境违法案件19289件，处罚金额74325.1万元……北京、河北、上海、江苏、浙江、福建、广东、陕西等省（市）行政处罚案件数量较大，工作较为突出……环保部门与公安部门联合打击环境污染犯罪，执法衔接机制也不断完善。今年（2014年，笔者注）上半年全国各级环境保护部门累计向公安机关移交涉嫌环境污染犯罪案件861件"②。资料显示，2014年第三季度全国环保系统向公安系统总计移送涉嫌环境污染犯罪的案件371件，③但各省份移送的数量及刑事处罚率差异较大，请参阅表3-8、表3-9、表3-10：

表3-8 环保机关向公安机关移送案件数量全国及前五位省份排名表
（2014年第三季度）

	刑事案件移送数（件）	行政处罚数（件）	涉嫌犯罪案件占行政处罚案件数量的比重（%）
全国	371	11114	3.3
浙江	173	2197	7.9
福建	56	269	20.8
山西	44	409	10.8
广东	22	1550	1.4
江苏	18	2021	0.9

---

① 河北省在自2013年11月的环保联合执法运动中，也在全省环保系统下发了具有一定操作性的文件（如冀环办发〔2013〕7号文件）。文件将2013年第15号司法解释所确定的入罪标准进行了一定程度的分解与细化，并印制了案件移送的固定表格与必须记载的内容，力图做到这些案件移送的标准化管理，取得了一定的实效。

② 《上半年全国共处罚环境违法案件19289件》，https://www.gov.cn/xinwen/2014-09/24/content_2755292.htm，2014年12月29日访问。

③ 参见《环境保护部公布2014年第三季度环境行政处罚及移送涉嫌环境污染犯罪案件的情况》，https://www.mee.gov.cn/gkml/sthjbgw/qt/201412/t20141208_292592.htm，2014年12月29日访问。

表 3-9　污染环境行政违法行为刑事处罚率全国及前五位省份排名表
（2014 年第三季度）

	刑事案件移送数（件）	行政处罚数（件）	涉嫌犯罪案件占行政处罚案件数量的比重（%）
全国	371	11114	3.3
福建	56	269	20.8
山西	44	409	10.8
湖南	12	119	10.1
浙江	173	2197	7.9
辽宁	8	111	7.2

表 3-10　环保行政机关进行了行政处罚但无刑事案件移送省份名单表
（2014 年第三季度）

	刑事案件移送数（件）	行政处罚数（件）	涉嫌犯罪案件占行政处罚案件数量的比重（%）
北京	0	648	0
重庆	0	352	0
广西	0	127	0
云南	0	104	0
新疆	0	92	0
天津	0	50	0
黑龙江	0	28	0
青海	0	17	0
吉林	0	8	0
宁夏	0	6	0
西藏	0	2	0

通过表 3-8、表 3-9、表 3-10 中的数据，我们可以清晰地看到，在 2013 年第 15 号司法解释施行一年后的 2014 年第三季度，全国环境保护行政管理机关向公安机关移送的涉嫌环境污染犯罪的案件数量呈现出巨大的差异。一方面，浙江、福建、山西、广东、江苏五个移送案件排名前五的省份移送的案件总量占到全国总量的 84.4%；江

苏、广东两个省份的行政处罚的案件数量均超过了 1500 件，但刑事处罚率却分别仅有 0.9% 与 1.4%；另一方面，福建、山西、湖南三个省份刑事案件移送数量均占到了行政处罚案件数量的 10% 以上。

三、2013 年第 15 号司法解释在环保机关的完全适用需要一定周期

由于 2013 年第 15 号司法解释具有鲜明的技术性、较为严密的法律性，对其全面理解需要一定的时间过程，另外各地环保行政管理机关的执法水平、人员素质、监管能力也还存在一定的差异，因此对 2013 年第 15 号司法解释的完全、准确适用尚需要一定的时间周期。

调研表明，不同区域的环保行政管理机关对 2013 年第 15 号司法解释的理解存在较大差异。浙江、上海、江苏等经济发达地区的环境保护行政管理水平相对较高，人员的法律素质也较高，他们大多对 2013 年第 15 号司法解释的文本进行了研读，有的地方甚至进行了系统的培训与学习，① 将上述司法解释确定的入罪标准与《刑法》第 338 条规定的污染环境罪进行了关联认知，并对在行政管理过程中发现的涉嫌犯罪的行政违法行为的移送、《刑事诉讼法》规定的涉嫌犯罪行为的刑事调查的基本过程、刑事证据的形成以及行政证据向刑事证据的转化等具有一定的认知，这些认知对他们在行政管理过程中及时发现涉嫌环境污染的犯罪以及将这些涉嫌犯罪的行为及时移送给公安部门都有直接推动，但中西部地区在这方面的工作水平还有待改进。

四、2013 年第 15 号司法解释在环保机关的适用还有优化空间

通过调研发现，不同地区的环保机关对 2013 年第 15 号司法解释

---

① 比如江苏省苏州市吴江区、江苏省常熟市等基层环保部门中从事环境监察的工作人员在 2014 年都参加了有关污染环境罪移送与办理的专题学习。

的理解，尤其是对于其中一些存在解释空间的条文的理解存在差异。比如2013年第15号司法解释中多处使用"等"字，如"私设暗管或者利用渗井、渗坑、裂缝、溶洞等排放、倾倒、处置……""含有铅、汞、镉、铬等重金属的物质"。对于上述条文表述中的"等"作何理解以及在司法实践中如何适用，各地表现出不同的态度。有的地区较为谨慎，非"等"前列举的方式或者物质一般不作为入罪情形考量，而有的地区则采取了较为开放的态度，对"等"的内容进行了基于一定理解的自我填补，比如将《重金属污染综合防治"十二五"防治规划》中的第二类重金属与铅、汞、镉、铬等明确列出的重金属物质作为同类的物质作了入罪处理。关于此项争议，笔者认为，既然司法解释使用"等"字进行立法表述，表明立法者对此采取了不完全列举方法，因此对司法解释规制的行为、物质、方式等可以作列举之外的理解，但是对于非列举的行为、物质、方式等进行入罪的，必须进行与列举的方式、物质、行为等具有同等危害性的论证，并在司法文书中进行表述。唯有如此，方显审慎，否则有扩大解释之嫌疑。

第三节 2013年第15号司法解释在公安机关的适用

一、公安机关实施2013年第15号司法解释的主要做法

公安机关是打击犯罪的重要力量，且在我国是享有刑事侦查权的法定机关，在打击环境污染犯罪方面具有重要作用。通过调研发现，2013年第15号司法解释颁行以后，公安机关的主要做法有如下几点：

（一）公安机关对涉嫌环境污染犯罪的行为进行刑事立案的比重大大提高

公安机关对相关领域涉嫌犯罪的行为进行刑事侦查的前提是刑事

立案，但由于涉嫌环境污染的行为在 2013 年第 15 号司法解释颁行前没有明确的立案标准，在无环保行政机关进行案件移送或无群众报案的情形下，各地公安机关对涉嫌环境污染行为主动进行侦查的较少。2013 年第 15 号司法解释颁行以后，尤其是 2013 年 11 月环境保护部、公安部联合下发《关于加强环境保护与公安部门执法衔接配合工作的意见》后，公安机关对涉嫌环境污染犯罪的刑事立案率大大增加。①

（二）公安机关与环保机关普遍建立了针对打击环境污染犯罪的联动机制

《关于加强环境保护与公安部门执法衔接配合工作的意见》要求各地公安与环保机关要建立联动执法联席会议制度、联动执法联络员制度、案件移送机制、重大案件会商和督办制度、紧急案件联合调查机制、案件信息共享机制、奖惩和目标考核机制等。这些制度在调研区域已经有不同程度的具体实践。浙江、江苏、上海、河北等地在公安与环保联动方面已经有了一定的经验，部分地区利用上述联动机制，在短时期内查处与侦办了大量涉嫌环境污染类的案件，形成了环保与公安联合打击环境污染案件的良好态势。当然也有一些地区对上述意见的执行与落实还处于机制构建阶段，其联动效果还有待未来检验。在环境执法联动过程中，公安机关扮演了重要角色，有的地方存在公安机关主动出击查处涉嫌环境污染案件的情形。

整体而言，目前公安机关与环保机关建立的联动机制的主要做法与核心内容如下图所示：

---

① 《关于加强环境保护与公安部门执法衔接配合工作的意见》规定："公安部门依据《中华人民共和国治安管理处罚法》的有关规定，对违法排放、倾倒危险物质的违法行为人，以及盗窃、损毁环境监测设施的违法行为人依法予以治安管理处罚。依据《中华人民共和国刑法》等相关规定，对涉嫌构成环境污染犯罪的，要立案侦查。对阻挠环境监督检查或者突发环境事件调查的行为，公安部门要及时排除阻扰，坚决依法处理。"

环境刑事司法效能论

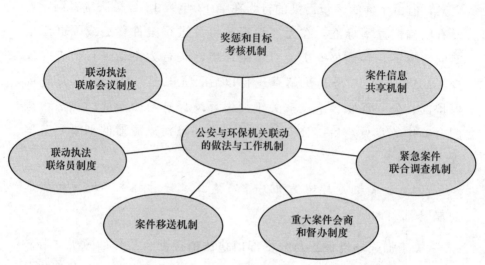

图 3-1　公安机关与环保机关在打击环境污染犯罪方面的联动机制示意图

（三）公安机关在打击环境污染犯罪方面开始了适度专门化的实践探索

在打击环境污染犯罪的过程中，为了增强打击力量与刑事调查能力，我国多地公安部门开始了对这类业务进行专门化办理的实践探索，其集中表现就是俗称的"环保警察"的设置尝试。有消息表明，全国有5个省在省一级层面成立环保警察队伍，地市层面成立的数量更多，这些环保警察大多数都是在公安系统内部设置编制。"'环保警察'是一个俗称，各地有不同的叫法。在河北是'环境安全保卫大队'，在辽宁是'环境安全保卫总队'，在贵州是'生态环境安全保卫总队'，在山东是'食药环侦查总队'，在浙江的很多城市则是'环境犯罪侦查大队'。"[①]

[①] 金煜：《全国5省设省级"环保警察" 探路环境犯罪执法》，https：//www.dailyqd.com/2014-10/27/content_152731_all.htm，2014年12月27日访问。

环保警察的主要工作机制有：(1) 刑事警察制。目前所有的环保警察都采用了公安系统编制。(2) 适度专门化。有的地方的环保警察为独立设置，专门负责打击环境犯罪，有的则是食品、药品犯罪侦查与环境犯罪侦查合并，挂两个牌子，称为"食药环警察"。① (3) 公安派员制。有的地方由公安部门派警察常驻环保部门，便于在有案情的时候迅速出警。(4) 刑事侦查制。警察有刑事执法权，有强制扣押、行政拘留等各种执法手段，对破坏环境、抗法等行为可以采取强制措施，"警察在，企业不敢反抗，一说起做笔录都怕了"②。

二、公安机关实施 2013 年第 15 号司法解释存在的障碍

通过调研发现，公安机关在实施 2013 年第 15 号司法解释的过程中还存在一些障碍，这些障碍有的来源于现有工作机制，有的来源于环境污染刑事案件的特点，还有的来源于公安机关的外部。

（一）公安机关现有工作机制对环境污染案件侦查的制约

我国的公安机关主要负责公共领域的安全治理，其所分管的领域非常广泛，不仅要承担刑事案件的侦查，还要负责诸多社会领域的管控。③ 在刑事案件侦查方面，我国采取了经济犯罪与其他犯罪侦查区分管理的方式，各地基层公安机关均设立了经济犯罪侦查分支机构与

---

① 这是因为食品、药品领域的犯罪与环境污染领域的犯罪在特点上具有一定的相似性，这类案件的办理具有一定的共同性。
② 金煜：《全国 5 省设省级"环保警察" 探路环境犯罪执法》，https://www.dailyqd.com/2014-10/27/content_152731_all.htm，2014 年 12 月 27 日访问。
③ 公安机关的职能包括：预防、制止和侦查违法犯罪活动；防范、打击恐怖活动；维护社会治安秩序，制止危害社会治安秩序的行为；管理交通、消防、危险物品；管理户口、居民身份证、国籍、出入境事务和外国人在中国境内居留、旅行的有关事务；维护国（边）境地区的治安秩序；警卫国家规定的特定人员、守卫重要场所和设施；管理集会、游行和示威活动；监督管理公共信息网络的安全监察工作；指导和监督国家机关、社会团体、企业事业组织和重点建设工程的治安保卫工作；指导治安保卫委员会等群众性治安保卫组织的治安防范工作。

普通犯罪侦查分支机构。环境污染类案件在 2013 年第 15 号司法解释颁行之前并不多发，各地对其侦查并无明显归类。加之在基层公安刑侦过程中，负责案件初查的往往是公安机关的派出机构即派出所，而派出所工作人员侦办环境污染类案件的能力是非常有限的。虽然有些地区开始了环境污染类案件的适度专门侦查，但对于大型企业的排污情况，公安机关除非接到群众举报或者环保部门在行政执法过程中的移送，多半是没有力量进行实时动态监管的。

（二）公安机关侦办环境污染类案件的技术性障碍及其破除

虽然 2013 年第 15 号司法解释确定了"重金属超标 3 倍""危险废物排放 3 吨"等非常明确的入罪标准，但对于犯罪行为的侦查，物质的查定只是其中之一，犯罪行为的侦查是以"行为"为中心的，即"非法排放、倾倒、处置"行为的定性，这是构成犯罪的关键因素，因此在物质明确的前提下，尚需公安机关对具体行为是否属于"非法排放、倾倒、处置"进行确定。通过调研发现，在上述领域，公安机关还普遍存在能力障碍。比如，在管道内进行排污的行为是否属于"非法排放"？对液体物质是否可否适用"倾倒"？"处置"行为的外延到底包括哪些？这对于习惯于办理传统侵犯人身或者财产案件的公安人员来说，显然是存在技术性障碍的。

（三）公安机关与环保机关在环境污染类案件办理上的责任界分

通过调研发现，由于环保类案件具有一定的复杂性，公安机关与环保机关在办理过程中相关的责任需要进一步界分，比如关于危险废物的鉴定及费用承担问题。2013 年第 15 号司法解释第 10 条对危险废物的范围进行了明确，即"危险废物，包括列入国家危险废物名录的废物，以及根据国家规定的危险废物鉴别标准和鉴别方法认定的具有危险特性的废物"。由此可知，在司法实务中，对于没有列入国家危险废物名录的废物，需要通过上述的方法与标准由相关的机构进行鉴定后确定其危险性。调研表明,我国目前具有危险废物鉴定资质的机构为数不多。按照危险废物鉴定的标准与方法,需要严格的取样要求(比如对疑似含有危险废物的毒泥需要从其各个部分取几十个甚至上百个样品)、严密的保存条件以及严格的测试与分析,鉴定周期长,鉴定费用高(往往需要几十万元甚至上百万元)。对此项费用的承担问题,环保机关和公安机关具有不同的意见,它们都认为此项费用应由对方负担。笔者认为,从案件移送的角度而言,环保机关仅需提供该危险废物具有危险性的一般证据即可(比如当中含有某种名列在危险废物名录中的物质),进一步的鉴定工作应该由侦查机关即公安机关进行,相关费用也应由公安机关承担。当然不管上述鉴定费用花费多少,此项费用应列入办案经费,而不应作为上述涉嫌环境污染的物质造成的公私财产的损失。

运用刑法手段惩治环境污染犯罪是当前我国公共领域刑事政策的重要体现。2013年第15号司法解释颁行以来,严重污染环境的行为要接受刑法评价、承担刑事责任在我国社会中已经具有较强的公众认知。对相关司法解释颁行以来实施效果的初步研究表明,在环境污染犯罪的刑事司法过程中,可以清晰地看到刑事司法的特征、效能等受到我国社会结构、经济结构、产业结构等的影响,并呈现出一定的关联性。我们也可以看到,与刑事立法的统一性相比,刑事司法受到各种场域的影响,地方性、行业性特征明显。这是值得我们关注的,也是值得我们进一步深入分析的。

第 四 章
生态文明建设中刑法与环境法的协调*

我国正处于生态文明建设的关键时期。生态文明建设需要法治保障，已经成为各界共识。① 然而相关研究表明，我国刑法对生态环境的保护力度比较有限。作为保护法益的利器，刑法是包括环境法在内的其他部门法法益受到侵害后所能启动的公平矫正器，其在生态环境领域的孱弱，使我们不得不思考到底是刑法出了问题，还是环境法出了问题，或是其他？刑法与作为部门法的环境法之间的协调性如何？如何基于提升生态文明建设法治保障能力而加强刑法与环境法的协调是我们应思考的重要问题，本章对此将作相关分析。

第一节　我国刑法与刑事司法对生态环境
的保障能力有限

通过案件数量的统计分析可以在一定程度上管窥某类犯罪行为在某个国家、某个区域或某个时间段内的时空分布情况与基本特点，

---

* 本章主体内容以《论生态文明建设中刑法与环境法的协调》发表在《重庆大学学报（社会科学版）》2016 年第 3 期。

① 参见江必新：《生态法治元论》，载《现代法学》2013 年第 3 期。

第四章
生态文明建设中刑法与环境法的协调

也能在一定程度上反映出刑法对某一类型法益的保障状况,并可大致评估出刑法对某类法益的保障能力。

一、我国环境污染类犯罪的既判案件数量较为稀少

统计资料表明,1997年《刑法》颁行以来,我国在环境污染领域的刑事判决数量非常有限,全国范围内的年度刑事判决基本上为个位数,绝大多数地方法院并没有作出过环境污染的刑事判决,具体年度分布情况请见第一章中表1-1。

笔者曾经统计过我国台湾地区环境污染类刑事案件的数量,发现台湾地区环境污染刑事案件的数量,无论是刑事侦查阶段的案件还是检察院公诉到法院的案件,或是法院最终审理判决的既判案件,其数量级都在几百之内,且在一定期间呈现出较为稳定的年度分布。(参见第一章中表1-2)

由此可知,我国环境污染类刑事案件的绝对数量是极为有限的,与其他国家或地区存在较大差异。

二、环境污染类与生态破坏类案件的数量呈不均衡分布

研究表明,相较于生态破坏类的刑事案件,环境污染类的刑事案件的数量也是非常有限的。我国现行《刑法》分则第六章第六节"破坏环境资源保护罪"通过9个条文具体规定了破坏环境与资源保护的多个罪名,这些罪名大体可以分为两类,即环境污染类与生态破坏类。由于多数生态要素在刑法视野中被视为经济要素,因此生态破坏类的犯罪被刑法定义为"破坏资源犯罪",这些犯罪主要包括对水产品财产价值侵害的非法捕捞水产品罪、对农用地使用权侵害的非法占用农用地罪、对矿产资源所有权侵害的非法采矿罪与破坏性开采罪以

及数个对动植物所有权造成侵害的相关罪名。

虽然由于统计资料的缺失,我们对上述生态破坏类犯罪的刑事判决的数量尚没有准确掌握,但从各地报纸的报道及不完全的统计资料中,我们仍然可以判知,以财产法益保护为目的的生态破坏类案件的刑事判决数量是远远大于环境污染类的。

分析第一章中表1-1中的数据我们可知,规定污染环境罪的《刑法》第338条在司法实践中不仅适用的绝对数量很少,而且环境污染类案件与本质上属于生态破坏的资源类案件的数量分布也是极不平衡的,甚至与失火罪这类虽不属于《刑法》分则第六章第六节"破坏环境资源保护罪"的范畴,但实质上是以环境与资源为犯罪标的的刑事案件的数量相比也是非常有限的。一言以蔽之,刑事司法中并没有太多的环境污染类犯罪,刑法在环境资源类犯罪中适用较为有限,在环境污染类案件中基本上处于"空置"状态。

第二节 刑法与环境法协调性不足的主要原因

改革开放以来,我国生态环境质量持续恶化,人们对政府提高生态环境质量具有强烈期待,在此背景下,1997年《刑法》在分则第六章"妨害社会管理秩序罪"中专节设置了"破坏环境资源保护罪",然而日益加剧的环境污染现实告诉我们,我国刑法在生态环境保护方面的效能是比较有限的,刑法及刑事司法在环境保护方面的效能与我国环境保护的目的之间存在着巨大的鸿沟,刑法与环境法之间的协调问题是我们必须思考的重要问题。

一、环境政策与刑事政策的二元化使两者理念相异

环境政策是一个国家在一定时期内对生态环境是否需要保护以

第四章
生态文明建设中刑法与环境法的协调

及保护到什么程度的宏观政策,体现了国家决策者或者管理者对待环境保护的基本态度。① 虽然1989年颁行《中华人民共和国环境保护法》(以下简称《环境保护法》),并且在该法第6条规定"一切单位和个人都有保护环境的义务",但不可否认的是,在现实中各级政府还是"以经济建设为中心"的。中国过去四十多年的经济发展模式,基本上是以工业化与城市化两个引擎所带动的,而这两个引擎皆是环境污染的主要来源。在工业化模式下,政府高度重视钢铁、化工等制造业的发展,带来了大量污染物的排放,而在城市化进程中,占用耕地、破坏环境、聚集人口等做法又进一步加剧了人与资源、环境的冲突。毫无疑问,过去的四十多年,对于各级政府而言,追求GDP增速是第一要务。在此种情形下,各级政府对保护环境的认知显然是从属于经济建设的。毫不夸张地说,绝大多数地方政府在经济发展与环境保护两者产生冲突时是优选经济发展的,因此过去四十多年的环境政策可以基本上描述为"经济发展优先,适度进行环境保护"。

前文已经谈及,1997年《刑法》在分则第六章专门设置一节来规定"破坏环境资源保护罪",这表明我国刑法对破坏环境与资源保护的行为(起码是严重破坏环境与资源保护的行为)是采取了入罪化的刑事政策的。然而,在各级政府往往遵从的"从属于经济发展的适度环境保护政策"之下,刑法所确立的对严重破坏环境与资源保护的行为进行入罪化处理的刑事政策事实上遭到了来自经济与社会发展各个层面的消解。虽然1997年《刑法》举起了保护生态环境的大旗,但在此大旗之下各类污染行为依然瞒天过海,基本上都顺利到达了经济利益的彼岸。我国刑事立法中将种种生态要素作

---

① 参见蔡守秋主编:《环境政策学》,科学出版社2009年版。

为经济要素而进行保护的模式表明我国尚处于工业文明的发展期，由此导致了司法实践中众多侵害了自然资源而受到刑事处罚的自然人或法人基本上没有"罪感"，也许这就是我国生态文明所处的阶段，也许这就是我们这个发展中的大国获得发展所必须承受的代价。在走向复兴的道路上，我们的经济发展是否还要以追求GDP为主，以及我们经济发展是否能对自然的伤害尽量减少，仍然是我们一次次不断发出的追问。

二、行政执法标准高于刑事司法标准导致较难入罪

这里笔者以原《刑法》第338条重大环境污染事故罪的司法判定为例来说明。其司法判定标准主要有两个，即"造成重大环境污染事故"和"致使公私财产遭受重大损失或者人身伤亡的严重后果"。然而，这两个司法判定的基本标准使得环境刑事司法在很大程度上受到了行政机关相关标准的制约。下面笔者略述一二。

国家环境保护总局1987年9月10日发布的《报告环境污染与破坏事故的暂行办法》（环办字〔1987〕317号）确定了"重大环境污染事故"的标准。该暂行办法于2006年3月31日被国家环境保护总局发布的《环境保护行政主管部门突发环境事件信息报告办法（试行）》废止，将"环境污染与破坏事故"更名为"突发环境事件"，并将突发环境事件划分为四级。"突发环境事件"与"环境污染事故"虽然称谓有异，但均是对环境污染行为的行政认定。上述试行办法于2011年被废止。

第四章
生态文明建设中刑法与环境法的协调

表 4-1 "重大环境污染事故"的"行政判定标准"与"司法判定标准"对照表

行政判定标准 （1987年9月— 2006年3月） （符合情形之一即构成）	行政判定标准 （2006年3月—2011年5月） （符合情形之一即构成）	司法判定标准 （最高人民法院《关于审理环境污染刑事案件具体应用法律若干问题的解释》的标准）（2006年7月—2013年6月）
(1) 由于污染或破坏行为造成直接经济损失在5万元以上，10万元以下（不含10万元）； (2) 人员发生明显中毒症状、辐射伤害或可能导致伤残后果； (3) 人群发生中毒症状； (4) 因环境污染使社会安定受到影响； (5) 对环境造成较大危害； (6) 捕杀、砍伐国家二类、三类保护的野生动植物	(1) 发生10人以上、30人以下死亡，或中毒（重伤）50人以上，100人以下； (2) 区域生态功能部分丧失或濒危物种生存环境受到污染； (3) 因环境污染使当地经济、社会活动受到较大影响，疏散转移群众1万人以上、5万人以下的； (4) 1、2类放射源丢失、被盗或失控； (5) 因环境污染造成重要河流、湖泊、水库以及沿海水域大面积污染，或县级以上城镇水源地取水中断的污染事件。	公私财产损失在30万元以上； 具有下列情形之一的，属于《刑法》第338条、第339条和第408条规定的"人身伤亡的严重后果"或者"严重危害人体健康"： (1) 致使1人以上死亡、3人以上重伤、10人以上轻伤，或者1人以上重伤并且5人以上轻伤的； (2) 致使传染病发生、流行或者人员中毒达到《国家突发公共卫生事件应急预案》中突发公共卫生事件分级Ⅲ级情形，严重危害人体健康的； (3) 其他致使"人身伤亡的严重后果"或者"严重危害人体健康"的情形

从表 4-1 中我们可以看出，在 2011 年 2 月《刑法修正案（八）》颁布之前，原《刑法》第 338 条规定的"重大环境污染事故"的判定标准中，是否能够达到入罪门槛的司法判定标准与是否能够算得上"重大环境污染事故"的行政标准之间存在着较大的差异。比如某环境污染行为所造成的财产损失达到了"30 万元以上"，从而符合了司法判定标准，但却并没有达到行政机关认定"重大环境污染事故"的行政标准。这直接导致的后果是该类行为虽然符合了司法判定标准，

但并不是行政机关认定的"重大环境污染事故",即只符合原《刑法》第338条构罪条件的一部分,而不是全部。依据严格的文本主义与罪刑法定原则,该类行为并不符合原《刑法》第338条的罪状描述,并不会受到刑法处罚。这也是我国环境污染刑事判决数量极少的直接原因。

三、生态法益没有成为环境犯罪判定的核心指标

环境法在本质上是生态法益保护法,即对生态环境领域人或者其他主体的权利或者利益的保护法。作为环境法保护客体的生态法益理应成为作为最后救济手段的刑法的保护标的,并成为环境犯罪成立与否的核心判定标准,然而我们看到,我国刑法在环境犯罪成立的条件上并没有将生态法益的侵害程度设置为核心判定指标。

前文已经述及,在《刑法修正案(八)》颁布之前,原《刑法》第338条的罪名是"重大环境污染事故罪",且规定在分则第六章"妨害社会管理秩序罪"之中,这表明立法者认为该条所要保护的法益主要是秩序法益。这种观念在该罪的司法判定标准中也可见一斑,即该罪的前置性入罪条件为"造成重大环境污染事故"。《刑法》分则第六章第六节中所确立的十多个环境资源类犯罪的罪名皆以"违反国家规定""未经国务院有关主管部门许可""违反土地管理法规""违反保护水产资源法规""违反矿产资源法的规定"等开头,表明在立法者视野中,该类犯罪所处罚的主要是违反环境资源行政规范而应当负刑事责任的行为,表明上述行为是违反刑法所保护的国家管理秩序的犯罪行为,而并无对其他法益尤其是生态法益的关照。另外,也有学者认为原《刑法》第338条"在犯罪对象、污染排放物范围以及成

第四章
生态文明建设中刑法与环境法的协调

立犯罪的标准上有诸多缺陷"[①]，是不利于环境保护的。

《刑法修正案（八）》于 2011 年施行后，生态法益被漠视的状况有所改变。《刑法修正案（八）》第 46 条对原《刑法》第 338 条进行了较大修正，将"造成重大环境污染事故，致使公私财产遭受重大损失或者人身伤亡的严重后果"的环境污染行为的表述修正为"严重污染环境"。理论界普遍认为，修订后的《刑法》第 338 条的罪名实质上已变动为污染环境罪，[②] 并且该罪所保护的对象已经变动为"环境"，该罪所侵害的实质客体是"生态法益"。的确，从条文表述与形式推理中我们是可以得出如此结论，但在司法实务中如何设置该罪的成立标准以及生态法益是否是该罪的核心判断标准则应成为我们更关心的问题。

千呼万唤之后，关于《刑法》第 338 条"严重污染环境"的相关标准的具体解释终于在 2013 年 6 月由"两高"2013 年第 15 号司法解释所确定。然而仔细研读该司法解释文本后我们还是能够清晰地看到，其所罗列的 14 种"严重污染环境"的情形所确立的仍然是一个多元化的判断标准，即污染环境罪的判断标准既包括了人身标准、财产标准、秩序标准等传统法益类型的标准，也包括了部分生态法益的标准。与 2006 年第 4 号司法解释所确立的旧的判断标准相比，新标准的主要变化在于：其一，在原有"公私财产遭受重大损失""人身伤亡的严重后果""严重危害人体健康"之外，增加了一些新的标准；其二，进一步降低了该罪在人身法益侵害方面的入罪标准（参见表 4-2）；其三，与行政执法实现了一定程度的功能衔接，比如第 1 条第 5 项的"两年内曾因违反国家规定，排放、倾倒、处置有放射性的

[①] 李希慧、董文辉：《重大环境污染事故罪的立法修改研究》，载《法学杂志》2011 年第 9 期，第 8 页。

[②] 参见高铭暄：《中华人民共和国刑法的孕育诞生和发展完善》，北京大学出版社 2012 年版，第 563 页。

废物、含传染病病原体的废物、有毒物质受过两次以上行政处罚,又实施前列行为的"规定。该司法解释使污染环境罪的判断标准更加明确与具体,有利于环境刑事司法,具有明显的进步。

表 4-2 污染环境罪司法判定新旧标准对照表(部分)

法益类型	最高人民法院《关于审理环境污染刑事案件具体应用法律若干问题的解释》(2006年第4号司法解释)的标准	最高人民法院、最高人民检察院《关于办理环境污染刑事案件适用法律若干问题的解释》(2013年第15号司法解释)的标准
财产法益	致使公私财产损失在30万元以上	致使公私财产损失30万元以上的
人身法益	致使1人以上死亡、3人以上重伤、10人以上轻伤,或者1人以上重伤并且5人以上轻伤的	致使30人以上中毒的;致使3人以上轻伤、轻度残疾或者器官组织损伤导致一般功能障碍的;致使1人以上重伤、中度残疾或者器官组织损伤导致严重功能障碍的
生态法益	致使基本农田、防护林地、特种用途林地5亩以上,其他农用地10亩以上,其他土地20亩以上基本功能丧失或者遭受永久性破坏的;致使森林或者其他林木死亡50立方米以上,或者幼树死亡2500株以上的	致使基本农田、防护林地、特种用途林地5亩以上,其他农用地10亩以上,其他土地20亩以上基本功能丧失或者遭受永久性破坏的;致使森林或者其他林木死亡50立方米以上,或者幼树死亡2500株以上的

但是,我们要注意到,在上述新旧两个标准体系中,作为生态法益重要承载的"森林、基本农田、防护林地、特种用途林"等的破坏程度上,新旧两个标准在入罪门槛上并无变化。这表明在立法者视野中,生态法益的实际侵害程度并没有成为该罪的核心构成标准。虽然增加新的入罪标准并且降低人身法益侵害程度的入罪标准客观上也能达到预防与惩治环境污染行为的效果,但对生态法益的关怀程度并没有成为该罪的核心判定标准,还远远没有达到先进生态文明建设的要

求,该罪的司法判定主要还是以人身法益、财产法益、秩序法益等为主的。现行刑法只是在有限度地保护生态法益,这是需要我们注意的,也是需要我们保持清醒的。

第三节 提升刑法与环境法协调性的路径选择

一、加强环境政策与刑事政策的可适用性

党的十八大报告提出了经济建设、政治建设、文化建设、社会建设、生态文明建设"五位一体"的新布局,并指出"建设生态文明,是关系人民福祉、关乎民族未来的长远大计"。生态文明建设已经成为我国未来发展的重要维度,需要包括环境政策与刑事政策等在内的多个层面政策的回应和相应的制度保障。

改革开放以来,我国确立了以经济建设为中心的基本国策,虽然《环境保护法》规定了环境保护的监督管理部门,但并没有将环境保护与经济发展的序列关系进行明确。我国1989年颁布的《环境保护法》第4条规定:"国家制定的环境保护规划必须纳入国民经济和社会发展计划,国家采取有利于环境保护的经济、技术政策和措施,使环境保护工作同经济建设和社会发展相协调。"此种协调实则是环境保护与经济发展的协调,即环境保护是从属于经济发展水平的。该规定意在说明环境保护与经济发展要相互适应,通俗解读即为"有多大的经济实力就做多大的环境保护",是我国当时在各地广泛存在的"先污染,后治理"模式的所谓法律文本的依托所在。这种立法理念实际上确立了环境保护对经济发展的从属性,在实践中多被各级政府以"经济优先,兼顾环境"的政策所代替。

上述从属于经济发展的环境政策对我国刑法所确立的对环境进行保护的刑事政策造成了巨大的消解。刑法典中已然规定了污染环境

罪、非法处置进口的固体废物罪、擅自进口固体废物罪等环境污染的罪名，表明我国刑法对这些环境污染的行为所造成的后果或者关联行为采取了入刑、入罪的刑事政策，但实践中尚需努力"破除环境政策对刑事政策的制约，我国政府应在环境污染已然非常严重的背景下，对环境污染采取'零容忍'政策，以对人民群众健康高度负责的态度，重视环境质量的提高，采取多种手段、坚定不移地进行环境污染的防治。要依据形势的发展，确立严格的环境刑事政策，提高环境污染行为的法律成本，通过对环境污染犯罪的适法处罚，打击严重污染环境行为，及时对相关当事人进行刑事处罚，使公民、企业及社会对污染行为具有'恶感'与'罪感'，为环境刑事司法建立深厚的社会根基"[①]。唯其如此，环境刑事政策才能真正发挥其效能。

二、逐步实现刑事立法的生态化，促进生态法益的刑事保护

1997年《刑法》在分则第六章"妨害社会管理秩序罪"之中确立了"破坏环境资源保护罪"专节，表明立法者的价值取向优选了秩序法益。然而我们要注意到，秩序法益并非法益分类的"云端"法益，并非大陆法系刑法理论普遍认为的法益分类中诸如国家法益、个人法益、社会法益等法益类型。秩序法益如何衡量及如何与传统法益即国家法益、个人法益、社会法益进行转换，既是技术问题，也是价值定位问题。另外，我们也需明确，破坏环境资源行为所侵害的法益绝非仅有国家或社会之秩序，人或动物等使用、利用生态的主体的利益被侵害或者被侵害的危险才应是刑法所保护的实质客体。换言之，生态法益应成为环境犯罪的实质客体，我国刑法应逐步实现生态化。

刑事立法的生态化是刑法保障生态法益的起点。实现刑事立法的

---

① 焦艳鹏：《我国环境污染刑事判决阙如的成因与反思——基于相关资料的统计分析》，载《法学》2013年第6期，第82页。

第四章
生态文明建设中刑法与环境法的协调

生态化是我国刑法在生态文明建设中的重要任务，其重要路径就是要将侵害对象为生态法益的类罪在刑法典中单独设置。有学者认为完善我国当代环境犯罪刑法立法体系的基本路径是：首先，"将刑法典分则第六章第六节规定的环境犯罪罪名从该章中独立出来，单独成立一章，并将分散在刑法典各章节中有关环境犯罪的规定纳入其中；其次，中国环境犯罪急需增设以下5个罪名，以完善环境犯罪的罪名体系，即破坏草原罪、破坏湿地罪、虐待动物罪、破坏自然保护区罪和抗拒环保行政监督管理罪；再次，应完善环境犯罪罪名的构成要件要素，扩张环境犯罪对象的范围、扩展危害行为的类型；最后，应完善环境犯罪的刑罚适用原则和刑罚适用种类"①。笔者的观点基本相同，且认为此种路径实质是要将生态保护与环境污染这两个传统的环境法分支所保护的生态法益在刑法典中实现类罪归纳的统一与分立，确立生态法益的独立保护地位，设置"危害环境资源罪"专章，在刑法典中与"妨害社会管理秩序罪"分离并在同一层级独立设置，增强公众与司法者对其法益属性的认知。

三、在刑事司法过程中加强对生态法益的识别与度量

笔者认为，增强刑法对生态文明的保障能力，要求司法者在刑事司法过程中应具备对生态法益进行准确识别与度量的能力。当然上述识别与度量需以刑事立法中具有生态法益的法益保护目的为基本原则。在对污染环境罪的法益进行识别时，需建立起法益主体、法益类型与入罪标准指标体系之间的对应关系，如此方能准确实现定罪与量刑。表4-3为笔者绘制的三者之间相互关系的对照表：

---

① 赵秉志、陈璐：《当代中国环境犯罪刑法立法及其完善研究》，载《现代法学》2011年第6期，第90页。

表 4-3　污染环境罪司法判定的法益类型与指标体系对照表

法益主体	法益类型	指标体系
国家	秩序法益	转移人数标准
		饮用水影响度
		地区影响度
个人之生态法益	人身法益	伤亡人数标准
	财产法益	财产侵害标准
非人类之生态法益	生态法益	动植物影响度
		放射性影响度

在污染环境罪的司法判定标准中，笔者认为可区分为伤亡人数标准、转移人数标准、财产侵害标准、动植物影响度、饮用水影响度、放射性影响度、地区影响度等来进行具体的分类度量。对秩序法益侵害程度的判定可设计为转移人数标准、地区影响度等标准。人的生态法益又可具体转化为财产法益与人身法益，可区分为伤亡人数标准和财产侵害标准等具体指标。其他主体的生态法益包括动植物影响度、放射性影响度等类别的判定指标。

第 五 章
生态文明视野下生态法益的刑法保障[*]

进入 21 世纪以来,我国经济与社会发展取得巨大进步,但环境保护的效果、生态建设的成果与人民群众的期待还存在较大差距。以有效的法律管控,不断增强环境司法的实际效能,切实加强对生态环境质量的维护,增强环境保护的司法保障能力,是我国司法机关的重大职责与重要任务。本章将以我国环境刑事司法重大问题的破解入手,谈谈生态文明建设过程中生态法益的刑法保障问题。

第一节 生态法益的切实保障对刑法机制提出了新期待

一、生态文明建设迫切需要刑法机制对生态法益的有效保障

党的十八大报告中指出:"建设生态文明,是关系人民福祉、关乎民族未来的长远大计。"首次将生态文明建设纳入了我国经济与社会发展的总布局,并进一步强调:"面对资源约束趋紧、环境污染严

---

[*] 本章主体内容以《生态文明视野下生态法益的刑事法律保障》发表在《法学评论》2013 年第 3 期。

重、生态系统退化的严峻形势,必须树立尊重自然、顺应自然、保护自然的生态文明理念,把生态文明建设放在突出地位,融入经济建设、政治建设、文化建设、社会建设各方面和全过程,努力建设美丽中国,实现中华民族永续发展。"可见,生态文明建设已经纳入了我国经济与社会发展整体战略的顶层设计中,生态文明建设也将成为我国当今及未来社会主义建设的重要组成部分。

(一)对生态环境的合理利用具有法律正当性是生态文明的重要体现

有效防控与规制日益严重的环境污染与生态破坏问题是我国生态文明建设的重大课题。改革开放以来,我国在经济建设方面取得突出成就,但也付出了巨大代价,环境污染与生态破坏问题日益凸显,人民群众的切身利益受到较为严重的威胁与侵害。近年来,因环境污染问题所引发的纠纷不断增加,人民群众普遍提出了要求政府保障公民"呼吸清洁的空气、饮用清洁的水源"的诉求,虽然我国法律还没有明确公民具有上述所谓"环境权利",但作为公民利益的保障者,国家在保护生态环境、提供一定的环境质量方面负有相应的法律义务,已经在相关法律中得到体现。[①]

传统法律在公民利益保护方面较为关注人身法益、财产法益等传统类型法益的保障,并形成了较为成熟的法律机制。西方工业革命引发环境危机以来,在争取环境权利过程中,人们逐渐意识到,对生态环境的合理与适当利用也是国家法律应保障的公民的正当需求,因此

---

① 我国《宪法》第 26 条"国家保护和改善生活环境和生态环境,防治污染和其他公害"的规定确定了国家的环境义务。《环境保护法》第 16 条也明确规定了地方各级人民政府是环境质量提高的主体,应对本辖区内的环境质量负责。

第五章
生态文明视野下生态法益的刑法保障

逐步产生了生态法益的观念,[①]并在一定程度上得到国家的认可。第二次世界大战结束以来,一些国家逐步建立起了环境资源法律体系,初步实现了对环境资源领域的有效管控,较好地回应了公民对生态法益的诉求,并逐步建立起了功能较为完善的生态法益保障机制。

随着经济与社会的发展,法益也处于变动之中,新的法益不断生成。对于良好生态环境需求的正当性越来越得到法律的认可。公民在生态环境领域享有的利益应被法律所保护已经成为大多数人的共识。公民个人的法益中不仅包括财产法益、人身法益等传统法益,还应包括生态法益。在全球气候变化谈判过程中,作为国际法主体的国家越来越认识到,保持良好的生态环境对于国家而言的重要性,国家在生态环境利益享有上的正当性应得到国际社会的尊重,并在国际法上得到体现。环境保护初期人们呼吁"人类只有一个地球",时至今日,"人类与其他生物共享地球"的观念正在深入人心,动物甚至植物对生态环境利用的正当性也应受到人类法律的保护已经成为生态文明建设的重要维度,并且正在一些国家逐步得到实现。

(二)刑法机制在保障生态法益方面具有不可替代的功能

大陆法系刑法理论普遍认为,保护法益是刑法的目的,刑法在本质上是法益保护法。一般认为,国家法益、个人法益、社会法益是刑法的主要保护对象,并依据此种法益分类方法建立了具有一定差异性的刑法保障机制。工业革命以来,环境污染问题对公民与国家相关利益的侵害以及环境污染问题管控上行政手段的"失灵"促使一些国家

[①] 这里所谓的"生态法益的观念",是指人们所具有的利用法律手段保护以人为核心主体的生态利益的观念,而并非"生态"与"法益"简单叠加后形成的"生态法益"的概念。关于"法益"概念的形成以及"法益"的观念问题,笔者在此不展开叙述与讨论。关于"法益"理论,国内可资参考的主要文献有:张明楷:《法益初论》(修订版),中国政法大学出版社2003年版;丁后盾:《刑法法益原理》,中国方正出版社2000年版等。关于"生态法益"的初步研究,可参见焦艳鹏:《刑法生态法益论》,中国政法大学出版社2012年版。

先后举起了刑法武器。生态法益作为一种新型法益,虽然暂时还不能与国家法益、个人法益等一样建立起强大的刑法保障机制,但作为传统法律主体的国家与公民在生态环境领域的正当需求已经得到法律的逐步承认,以人之利益为主要考量的人的生态法益与人的财产法益、人身法益等传统法益一样也开始逐步得到刑法的关照。

刑法保障生态法益主要是对人的正当利益的保护。由于国家法益、个人法益、社会法益的法益三分法的巨大影响,有学者错误地认为,主张生态法益就是为生态主张法律主体资格,这其实是一种误读。① 生态法益并非与国家法益、个人法益、社会法益等一样是以享有主体为分类标准的法益,而是以法益的内容为分类标准的法益类型,也即生态法益与财产法益、人身法益等刑法保护的客体在同一层面上,强调生态法益的独立性并非强调生态(尤其是动物)的法律主体地位。刑法以保护人之权益为首要出发,在法益保护上也以保护人的法益为主要目的,通过刑法手段保护生态法益首先是对人在生态领域的正当利益的保护,这既是刑法在法益保护上的正常逻辑,也是生态文明先进国家和地区刑法已经或正在承担的使命。

刑法机制对生态法益保障具有独特功能。生态环境问题尤其是环境污染问题的出现,是人类在经济发展过程中特别是工业化与城市化过程中的过度排放造成的。良好生态环境的实现客观上要求人们约束自身行为,因此通过行政法律适当规制人们的行为是环境污染防治工作的首要选择,完善的环境行政法律体系与有效的环境保护行政管理是生态文明建设的必经之路。然而,我们也应注意到,在市场经济条件下,市场主体追求利益的欲望从来都没有停止过,在没有良好的企业道德与自我约束下,追逐利益的心往往会冲破行政法律的底线,警

---

① 这种误读的广泛存在可能与环境法发展过程中环境伦理与环境法律没有准确界分存在联系,部分环境法学者对"大自然权利""动物福利"等的论证在宏观层面上引发了非人类存在物法律地位的探讨,但就法律的微观运行而言,人的法益保护显然是法律现实运行中的中心任务。

告、罚款等行政处罚对相关主体行为的法律评价尚不能达到让其有效感知"罪"与"恶"的程度，不请出刑法这把"达摩克利斯之剑"，相关主体很有可能仅仅将环境污染行为与"闯黄灯"一样自我界定为"刹不住车"的无奈，甚至去错误地坚持或主张其行为的所谓正当。

二、环境司法的体系性失衡呼唤刑法在环境保护中发挥更大效能

统计资料表明，1997年《刑法》颁行后的一段时间内，我国环境污染类犯罪的既判案例在刑事司法中极为少见，与同期其他环境司法案件数量形成巨大反差，环境刑事司法的实际效能令人担忧。

（一）体系性失衡是目前我国环境司法的重要特点

对相关公开资料进行统计后可知：1997年《刑法》颁行后的一段时间内，全国法院系统以"重大环境污染事故罪"的罪名作出刑事判决的数量是极为有限的。2001—2010年十年中仅有总计37个既判案件，平均每年为3.7个，案件数量年度分布情况请见第一章中表1-1。

由此可以得知，我国绝大多数地方法院是没有进行过环境污染的刑事判决的，也就是说在绝大多数地方法院出现了环境污染犯罪的"零判决"现象。

与"零判决"的"孤孤单单几个案"形成鲜明对比的是我国环境管理领域内行政处罚案件数量的庞大，请参阅表5-1：

表 5-1　1999—2010 年我国环境管理领域行政处罚案件数量统计表[①]

单位：件

1999年	2000年	2001年	2002年	2003年	2004年	2005年	2006年	2007年	2008年	2009年	2010年
53101	55209	71089	100103	92818	80079	93265	92404	101325	89820	78788	116820

对表5-1中的统计数据简要分析可知，从1999年到2010年十二年中，环境行政处罚案件平均数量大概在8万多件，1999年到2010

---

① 此表格根据国家环境保护部年度性文件《全国环境统计公报》的相关统计资料整理而成，部分年度资料缺失。

年环境行政处罚案件数量增长到2倍多。值得我们关注的是，1997年《刑法》颁布后的1999年环境行政处罚案件件数为53101件，三年之后的2002年该数据直接攀升到100103件，增长近1倍。1997年《刑法》确立了环境污染犯罪相关罪名，刑法所应具有的威慑力并没有减少环境行政违法，行政处罚案件数量的激增直接拷问了刑事司法在环境污染防治上的效果。

行政诉讼是行政相对人对行政机关发起的诉讼，俗称"民告官"。客观地讲，该类诉讼从立案到判决都有较大难度，故在我国各类诉讼中，从总体数量上来说，该类诉讼并非主流，案件数量相对有限。表5-2是1997—2007年我国法院系统判决的被告为各级环境保护管理机构的行政诉讼案件的数量统计：

表5-2　1997—2007年我国环境污染行政诉讼案件数量统计表①

单位：件

1997年	1998年	1999年	2000年	2001年	2002年	2003年	2004年	2005年	2006年	2007年
—	621	427	580	696	993	579	616	399	353	—

注："—"为"不详"。

从表5-2可知，虽然该数据并非如行政处罚案件数量一样表现得十分巨大，但仍然维持在几百件这样的数量级，部分年度接近1000件，最少的年度也有353件，年度平均数在500多件。

环境司法是包括环境民事诉讼、环境刑事诉讼、环境行政诉讼及其他司法方式等的司法过程。通过前述对环境司法基本数据的分析，可以得出一个基本的结论：我国环境司法存在着严重的体系性失衡。这种体系性失衡表现在三个方面：一是刑法典中虽有关于环境污染的罪名，但在现实中极少发生既判案例，从整体上呈现一种"零判决"

---

① 此表格根据国家环境保护部年度性文件《全国环境统计公报》的相关统计资料整理而成，部分年度资料缺失。

第五章
生态文明视野下生态法益的刑法保障

的状态;二是环境民事案例①、环境行政案例、环境刑事案例的数量差异较大,环境污染刑事司法与环境污染行政司法、环境污染民事司法呈现出较大的不均衡;三是环境污染刑事司法在整个环境司法中的效能、作用、功能等值得人们检思。

(二)刑法对生态法益与环境保护发挥的实际效能有待提升

刑法是法益保障的最后一道屏障。在完善的法治保障体系中,不同类型的部门法以其法律机制发挥各自的保障作用:行政法机制在于通过设定行政权力,加强管理与控制,从而实现政府对某个领域的管控与规制;民法机制在于通过为民事主体设定民事权利,并通过诉讼等机制保障民事权利在受到侵害时及时得到救济;刑法机制则在于通过对严重越轨行为设定为犯罪并加以惩罚,来实现对犯罪行为的一般预防与特殊预防。民法机制、行政法机制与刑法机制三者之间相互协调,是现代社会对某个领域或某类行为进行法律治理与调控的主要方式。

从上述对我国环境司法体系中各类法律机制的实际应用及其效能的简单考察,我们不难发现:在我国绝大多数环境污染行为仅仅作为行政违法行为被进行了评价,环境保护严重依赖行政处罚方式,刑事司法的应用与所起到的效能是比较有限的。我们也要看到,环境行政处罚案件数量的逐年上升表明行政责任的追究并没有降低行政违法率,环境违法现象依然存在且逐年增多。同时,我们也应注意到,包括环境行政处罚在内的环境行政执法消耗了大量公共资源,国家在人员、设备、经费等方面需要大量投入。

---

① 环境民事司法主要是由民事主体之间关于环境侵权或者其他事由而引发,与行政案件及刑事案件相比,较少受到环境管理机构的关注,故较少被环境保护行政管理机关纳入统计范畴,因而较难从环境管理机构获得相关数据。环境领域基于公益而提起的诉讼较为少见,但因环境污染而引发的私益诉讼还是存在的,环境民事诉讼的既判案例并不鲜见。

行政责任的追究不能有效遏制环境污染的现状，这使我们不得不反思目前的环境刑事政策和环境刑事司法的效能。人民群众迫切希望环境污染能够得到及时遏制、环境质量能够得到提高，但现实中近乎"失灵"的环境保护行政管理使我们不得不将目光转向作为法治保障最后一道屏障的刑法，也迫切希望"达摩克利斯之剑"能够实现对生态法益的坚强保障。

第二节 生态法益的刑事立法保障

由上文分析可知，我国生态文明建设迫切需要刑法机制对生态法益的有效保障，我国当前环境司法中的体系性失衡也呼唤刑法在环境保护中发挥更大效能。作为一个饱受环境污染之苦的发展中大国，同时作为法治文明后发国家，通过何种路径实现刑法对生态法益的有效保障，是我们在实现发展的同时遏制环境污染、建设美丽中国必须思考的课题。

生态法益的刑法保障是工业化以来法治发达国家所面对的重要问题，也是几乎所有法治先进国家刑事立法所必然经历的过程。加强生态法益的刑事保护，促进刑事立法的生态化是生态法益刑法保障的起点，也是生态法益得到有效保障的重要支点。

一、将严重侵害或威胁生态法益的行为纳入刑法规制

在法益保护方式上，刑法有其独特机制。"法律的保护机制"主要由刑法学者提出，一般是指"通过刑法调控社会秩序、保护各种利益的方式和途径"①。还有学者将刑法机制与刑法功能结合起来，认为刑法机制是"刑法运作的方式和过程，亦即刑法的结构产生功能的方

---

① 蒋兰香：《论我国土地资源刑法保护机制》，载《时代法学》2005年第4期，第36页。

式和过程"①。笔者认为，刑法对法益的保护与其他部门法如民法、行政法等的区别在于，刑法采取以国家的名义对行为进行负评价并通过惩罚的方式使受侵害与威胁的法益得到概括式修复。具体而言，刑法机制的主要内容包括："通过立法确定哪些行为是犯罪行为、通过司法确认犯罪人及其犯罪罪名、通过刑事责任的承担惩罚犯罪人。"②

将严重侵害或威胁生态法益的行为纳入刑法规制的起点在于对上述行为进行"入罪化"处理，也即要在刑事立法中确定上述行为为犯罪行为，具体方法是将上述严重侵害与威胁生态法益的行为进行罪状的刑法描述并为其配置相应的罪名以及处罚方式。比如，《刑法修正案（八）》对"严重污染环境"的入罪化，首先对所要规制的行为进行了刑法语言的描述，即"违反国家规定，排放、倾倒或者处置有放射性的废物、含传染病病原体的废物、有毒物质或者其他有害物质"，然后将其所造成的结果确定为刑法上的后果，即"严重污染环境"，最后确认对该行为的刑事处罚方式，即"处三年以下有期徒刑或者拘役，并处或者单处罚金；后果特别严重的，处三年以上七年以下有期徒刑，并处罚金"。虽然在上述条文的表述中没有明确规定上述行为构成污染环境罪，但依据刑法对罪名确定的惯常方法，上述行为即可定义为"严重污染环境罪"或者"污染环境罪"。③

虽然我国刑法已经通过《刑法修正案（八）》将严重污染环境的行为纳入刑法规制，迈出了生态法益保障的重要一步，但在生态文明建设过程中，生态法益刑法保障的道路才刚刚开始，诸多侵害与威胁生态法益的行为还有待刑法规制。生态法益主体多元、内容丰富，随着我国生态文明建设的推进，除污染环境外，其他类型生态法益的刑

---

① 储槐植：《再说刑事一体化》，载《法学》2004年第3期，第78页。
② 焦艳鹏：《刑法生态法益论》，中国政法大学出版社2012年版，第113—114页。
③ 高铭暄教授在其著作中将上述罪名明确称为污染环境罪，参见高铭暄：《中华人民共和国刑法的孕育诞生和发展完善》，北京大学出版社2012年版，第563页。

法保障也将凸显出来，比如严重破坏自然生态的行为、严重虐待或侵害动物的行为、严重破坏气候的行为等。西方法治发达国家正在或已经建立起来的以环境污染行为规制为主、其他侵害生态法益行为的规制相配合的立体化生态法益刑事立法体系值得我们关注，也值得我们研究。①

我国刑事立法在应对生态法益的保护上应保持开放态度。在目前已有关于污染环境罪的刑事立法的基础上，立法机关应加强对新型生态法益在我国保护路径的设计，并结合我国的立法体制与立法技术对其进行匹配性研究。环境保护部制定的《全国生态保护"十二五"规划》就我国"十二五"期间生态保护方面的立法工作进行了相应规划，我国将"积极推动国家重点生态功能区与自然保护区建设和管理、生物多样性保护等重点领域立法，进一步健全相关法律法规。研究制定生物遗传资源获取和惠益分享管理办法、转基因生物环境释放安全管理办法、外来入侵物种环境管理办法、养殖业应用微生物环境安全管理办法等部门规章"。刑事立法也应对上述生态领域立法保持关注，适时将除环境污染行为以外的其他严重侵害或威胁生态法益的行为纳入刑法规制。

二、实现生态法益与其他类型法益刑法保护设置的科学化

生态法益是一种新型法益，与传统刑法所重点保护的国家法益以及基于个人法益的财产法益、人身法益等存在较大差异。在法治文明

---

① 比较典型的是德国，作为刑法法益学说发达的大陆法系国家，德国刑法学深受刑法法益理论的影响。虽然在历史上德国刑法学者大多数认为刑法法益分为个人法益与超个人法益，但随着时代的发展特别是生态环境保护的迫切需要，生态法益的独立性逐渐显现出来。1998年修订的《德国刑法典》在第29章单独规定了"污染环境的犯罪"，以6个极为详尽的条文详细规定了污染环境犯罪的基本构成及刑事处罚等，该章虽以"污染环境"为题，但实际内容包含了侵害自然保护区、破坏生态等较为全面的生态法益的保护内容。参见《德国刑法典》，徐久生、庄敬华译，中国法制出版社2000年版，第219—226页。

第五章
生态文明视野下生态法益的刑法保障

演进过程中，人身法益、财产法益等与公民个人实现了紧密结合，并与公民的人身权、财产权等民事权利实现了法律技术上的"绑定"，使得传统刑法在打击犯罪的同时，承载了保护公民相应权利的任务，也使得传统刑法在立法过程中较为注重公民人身法益、财产法益等的刑法保障。对于这类法益的保障，各国具有较好的立法技术与立法经验。

生态法益与其他类型法益既存在紧密联系也存在重大差别。作为一种新型法益，生态法益与传统的人身法益与财产法益具有紧密联系。以环境污染为例，严重的环境污染行为可能导致人的健康受损甚至失去生命，也可能造成公私财产的损失，这些人身与财产法益是传统刑法的保护客体，传统刑法对此相应设置了故意伤害罪、过失致人死亡罪、故意毁坏财物罪等罪名，但污染环境行为与上述故意伤害行为、过失致人死亡行为、故意毁坏财物行为等又存在着本质差别，人身法益与财产法益并非污染行为直接作用的客体，行为人对环境污染中所造成的人身与财产损失也无直接故意，以侵害人身法益或财产法益对上述行为直接定罪处罚将造成侵害生态法益行为与侵害财产法益、人身法益等行为的混同评价，既不科学，也不公正。因此，虽然生态法益与人身法益、财产法益存在紧密联系，但在刑事立法中有必要将它们进行分类别的区别评价，建立不同的入罪标准与量刑标准。

在生态法益保障的法律资源配置上，我国刑法还存在着较大的优化空间。1997年《刑法》在分则第六章第六节专门规定了"破坏环境资源保护罪"，设定了破坏环境资源的诸多罪名，实现了我国刑法对环境资源的初步保护。但以生态文明视角观之，该章节的刑事立法存在浓重的传统法益保护色彩，整个章节基本上以财产法益、人身法益以及秩序法益保护为主，鲜有生态法益的影子。① 生态文明与法治文明的紧密结合要求我们要高度认识到传统刑法所保护的森林资源、草原资源、动植物资源等所谓自然资源的生态价值，刑法对上述生态要素的生态价值保障的基本途径，就是承认上述生态价值的法律形态即生态法益应成为刑法的保护客体，侵害生态法益的行为应纳入刑法评价。完善我国生态文明法治保障机制，必须对生态法益与其他法益尤其是财产法益进行区分评价，必须改变主要以财产价值的侵害程度来定罪量刑的传统做法。②

三、积极促进人与其他主体生态法益刑法保护的协同

在建设生态文明过程中，我们须承认一个基本的科学命题，即享受与利用生态环境的不仅包括人类，还包括非人类的其他物种。然而，人类文明演进的历史基本上是以人的利益的实现为主线的历史，作为人类文明的法治文明也以人的利益的法定化与人的利益的保障为主。人类文明发展到生态文明阶段，使人类不得不更加理性地思考与面对人与自然的关系，时至今日，人与自然关系的法律模式已经悄然发生了诸多变化，传统法律观念中"除人之外皆为客体"的逻辑也正在慢慢受到生态主义的浸润。

---

① 这不仅体现在原重大环境污染事故罪，以及非法处置进口的固体废物罪、擅自进口固体废物罪、走私固体废物罪等环境污染型犯罪皆以"致使公私财产遭受重大损失或者严重危害人体健康"为犯罪构成标准，而且还体现在将其他本质上是破坏生态的行为设置为对相关资源的破坏，并以财产法益的损失为犯罪构成标准，如非法捕捞水产品罪、非法采矿罪、盗伐林木罪、滥伐林木罪等。

② 为保护生态环境，巴西还专门制定了特别刑法即《巴西环境犯罪法》。该法将生态破坏、环境污染、生物犯罪等全部纳入，分五节规定了"危害动物罪""危害植物罪""污染和其他环境犯罪""违反城市管理和危害文化遗产罪""妨碍环境管理罪"等五个专项罪名及其刑罚，并且对刑事诉讼及其程序、行政违法、环境保护的国际合作等进行了专节规定，成为利用刑事法手段对生态环境问题进行全方位治理的立法典范。参见《巴西环境犯罪法》，郭怡译，郭建安校订，中国环境科学出版社2009年版，第2—4页。

第五章
生态文明视野下生态法益的刑法保障

生态文明建设过程中，应建立以人的生态利益保护为主、其他主体生态利益保护为辅的生态法益协同保障机制。人的生态利益应被法律优先保护，这既是对人类文明发展阶段性的承认，也是法治保障资源有限条件下的必然选择。人类文明发展到今天，尚不能脱离对其他物种的利用，动物与植物等在一定意义上还将继续成为人类行为的客体，也将长期成为法律上的客体。但需要注意的是，在"人类与其他物种共享一个地球"的客观情形下，其他物种将与人类一起承受环境污染与生态破坏所造成的不利后果，而污染与破坏的行为却是由人类所作出的。在这个意义上我们可以讲，在资源供给可能的情形下，只关照人类的生态利益，忽略其他物种尤其是感知类动物对生态环境的正当利用的法律是不道德的。

刑法应实现人与其他主体生态法益的协同保护。我国刑法在环境资源保护上以人的利益尤其是人的财产法益与人身法益保护为主的模式具有一定的时代局限性，是需要进行生态化改良与改造的。在建设生态文明过程中，应逐步实现人与其他主体生态法益刑法保护的协同。近年来，生态主义对我国法治发展产生了较大影响，刑事立法应主动适应，除对环境污染与生态破坏等侵害人及动物生态利益的行为进行规制外，还应对动物的某些正当需求进行刑法承认，对侵害法律承认的动物的正当需求的行为进行刑法保护，适时在我国刑法典中增设虐待动物罪等保护动物法益的罪名，[①] 促进我国刑法在生态法益保护广度上的拓展。

---

① 就目前刑法对动物的保护水平而言，构成侵害动物犯罪的主要有四类，即：侵害动物物种犯罪、虐待动物犯罪、非法狩猎犯罪、非法捕捞犯罪。传统刑法认为，上述罪名侵害的客体主要是动物所有人的财产法益，但在生态主义者看来，对动物本身生存及生存质量的侵害才是上述行为所侵害的实质客体。生态文明先进国家的刑法已较好地建立起对动物的保护机制，并在刑法典中设置了相应的罪名，比如德国、加拿大、俄罗斯、西班牙、荷兰等。参见焦艳鹏：《刑法生态法益论》，中国政法大学出版社2012年版，第251—260页。

第三节 生态法益的刑事司法保障

有学者认为,刑法机制不仅包括刑事立法,还包括刑事司法,刑法机制是"刑事立法与司法适用之间的相互关系和作用过程,二者分别遵循自身的运作规律并相互促进"①。笔者对此表示认同,刑法目的的实现不仅包括刑事立法对相关利益保护的法律设定,还包括通过有效的刑事司法使法益保护得以实现,因此有效的刑事司法对于生态法益的保护是非常重要的,也是生态法益刑法保障机制的重要构成。

一、优化配置环境资源领域刑事案件的侦查权

考察我国环境刑事司法的运行可知,目前公安机关在打击环境资源犯罪案件方面显得动力不足是环境刑事司法效能较差的重要原因之一。公安机关不愿意侦办环境犯罪案件的原因很多,从技术层面来讲,主要包括环境犯罪案件的事实调查、损害结果核定等存在较大技术依赖,导致环境犯罪案件的侦查成本较高、难度较大,影响公安机关相关资源的配置与效率的发挥。生态环境保护行政管理机关(比如环境保护管理部门、国土资源管理部门等)具备相关领域的专业知识,也具有人才与技术优势,对生态环境犯罪相关案件的事实具备核准能力,但却没有法定的犯罪调查权限,导致生态环境犯罪案件在现实中出现一定程度的"两边不管"的调查空白状态。

为使生态法益得到较好的刑事司法保障,建议我国结合一些国家和地区的经验与成熟做法,加强司法机关与生态环境保护行政管理机关的协作,特别是在证据取得、事实认定、损害核定、因果关系判断等需要专业技术的领域,实现行政管理机关相关资源及技术与刑事司

---

① 宗建文:《刑法机制研究》,中国方正出版社2000年版,第4页。

第五章
生态文明视野下生态法益的刑法保障

法机关的共享。① 欧盟在这方面具有成熟经验,虽然欧盟各国的刑事司法体制存在差异,但在环境刑事司法中"几乎所有不同的司法体系都强调了执法主体的重要地位和作用"②,环境保护行政管理机构拥有大量的专业和技术方面的优势并提供关于行政规范的信息。因此,它们与警方之间的合作就显得至关重要。丹麦、芬兰、德国和荷兰都强调行政主管机关在有关证据收集方面同警方合作并为其提供技术支持;在德国,一些州颁布法律法规,明确规定执法主体同行政主管机关的合作,有时甚至规定合作的具体义务和责任。

另外,在条件成熟的行业或部门,也可尝试适度改变公安机关掌握全部环境刑事调查权的现有做法,为环境管理部门、生态管理部门配置适当的刑事调查权。相关资料表明,比如我国台湾地区的"环保警察队"享有对环境污染类案件的刑事调查权,③ 虽然这些环保警察是隶属于警察系统还是环境保护行政管理系统尚不得而知,但其享有刑事调查权却是毋庸置疑的。在一些国家和地区"环保警察已存在多年,成为执行环境保护法律法规,打击环境违法行为的主体。如德国环保警察隶属联邦内政部。每名环保警察都要经过一年半的专业训练"④。无论环保警察设置为警察系统管理还是行业部门管理,其所具有的生态环境违法犯罪行为的调查能力在客观上肯定是有助于生态违

---

① 我国《刑事诉讼法》为行政机关与司法机关在生态环境领域的相关合作提供了制度依托。该法第54条第1、2款规定:"人民法院、人民检察院和公安机关有权向有关单位和个人收集、调取证据。有关单位和个人应当如实提供证据。行政机关在行政执法和查办案件过程中收集的物证、书证、视听资料、电子数据等证据材料,在刑事诉讼中可以作为证据使用。"不过,笔者认为,该法并没有为行政机关主动向侦查机关(主要是公安机关)提供证据设定法定义务。
② 〔荷兰〕迈克尔·福尔、〔瑞士〕冈特·海因主编:《欧盟为保护生态动刑:欧盟各国环境刑事执法报告》,徐平等译,中央编译出版社2009年版,第12页。
③ 我国台湾地区环境保护部门发布的统计资料《环境保护统计年报》中有"环保警察队破获涉及违反刑事法令案件"的统计报表。
④ 赵林中:《中国应设立环保警察》,载《钱江晚报》2009年3月6日第A2版。

法犯罪行为的规制的，也是有利于生态法益的刑事司法保障的，这是我国在环境刑事司法过程中可资借鉴与吸收的域外制度成果之一。

二、实现环境资源犯罪罪状描述"行政违法"尺度的明确化

"破坏环境资源保护罪"设置在我国《刑法》分则第六章"妨害社会管理秩序罪"之下，表明立法者在进行犯罪分类时，将破坏环境资源保护罪侵害的法益首先归类为秩序法益。不过我们需要注意，该章节所确立的环境资源类犯罪的罪状描述中存在大量的"违反相关法律法规"的前置性罪状描述。秩序的维护需要良好的行政管理，行政管理的实现有赖于行政法律法规功能的实现，因此现有环境资源犯罪皆以行政法律法规的违反为前提，在一定意义上，违反行政法律法规成为环境资源犯罪的前置性条件。

将行政法律法规引入刑法规范，使得刑事司法在违法行为判定过程中首要进行违法程度的判断，但由于我国司法体制的特点，作为侦查机关的公安机关较少能够直接获得生态环境违法行为涉嫌犯罪的线索，在司法机关对行政机关相关行政规范缺乏足够了解的情形下，司法机关尤其是作为侦查机关的公安机关与作为公诉机关的检察机关很难判定生态环境违法行为的违法程度，这是不利于生态环境刑事案件侦办的。另外，将"违反国家规定"[①]这样模糊表述的行政规范引入刑法规范，使违法主体难以判知违法与犯罪的边界，对公民及相关主体是否违法的行为指引功能极为有限，客观上是不利于守法的。

还需注意，当行政机关相关标准与司法机关相关标准存在差异时，生态刑事司法定罪量刑过程中还会产生标准适用的冲突现象。比如，《刑法修正案（八）》颁布之前的《刑法》第338条规定的重大

---

① 我国《刑法》第338条、第339条、第344条都存在上述"违反国家规定"的模糊表述。

环境污染事故罪的构罪前提为"造成重大环境污染事故",这里的"重大环境污染事故"的认定是环境保护行政管理机关的具体行政行为,相关机关应引入行政机关对具体事故的级别认定而后启动刑事调查,然而实践中司法机关采取的是与此相异的判定标准。① 判定标准的差异,直接导致的后果就是按照最高人民法院相关司法解释认定为构成"人身伤亡严重后果"的环境污染事件,往往不符合环境保护行政管理机关认定的"重大环境污染事故"的定级标准,从而导致刑法前置性入罪条件即"造成重大环境污染事故"不能满足而无法实现对相关环境污染行为的定罪。

三、环境刑事司法专门化及环境犯罪刑事处罚方式的多元化

国外一些地方设立了专门的环境法院,对环境刑事案件进行了专门化审理,比较典型的有澳大利亚的新南威尔士州、新西兰以及美国的佛蒙特州等。

澳大利亚新南威尔士州于1980年设立了土地与环境法院。"该法院有三大基本功能:一是作为处理涉及规划和开发问题的上诉案的行政法庭;二是通过民事程序强制执行规划和环境法,并对这些领域内的行政决策予以诉讼审查;三是对基于不同法律法规提起的

---

① 2006年3月31日国家环境保护总局发布的《环境保护行政主管部门突发环境事件信息报告办法(试行)》将"重大环境事件"(对应原《刑法》第338条的"重大环境污染事故")的人身伤亡标准确定为:因环境污染直接导致10人以上、30人以下死亡或50人、以上100人以下中毒的;因环境污染疏散转移群众1万人以上、5万人以下的。然而时隔不到4个月,最高人民法院于2006年7月21日公布了《关于审理环境污染刑事案件具体应用法律若干问题的解释》,在第2条中具体明确了《刑法》第338条、第339条和第408条规定的"人身伤亡的严重后果"或者"严重危害人体健康"的诸个标准,即:(1)致使1人以上死亡、3人以上重伤、10人以上轻伤,或者1人以上重伤并且5人以上轻伤的;(2)致使传染病发生、流行或者人员中毒达到《国家突发公共卫生事件应急预案》中突发公共卫生事件分级Ⅲ级情形,严重危害人体健康的;(3)其他致使"人身伤亡的严重后果"或者"严重危害人体健康"的情形。

对环境犯罪行为的公诉行使刑事管辖权。该法院的管辖权是排他性的，除了州最高上诉法院外，该法院是州内涉及环境和规划法项下各事务的唯一管辖人"[①]。可见，上述环境法院是具备环境刑事案件的管辖权与审判权的。近年来，我国部分地区对环境司法进行了改革试点，一些地区的法院建立起了包括刑事审判在内的环境法庭，对环境刑事案件由专人进行专门审判，取得了一定效果，其经验是值得总结与推广的。[②]

我国确立的以罚金刑与徒刑为主的环境犯罪刑事处罚方式，因刑法规定严厉故入刑数量较少，在一定程度上造成了环境污染行为入罪率极低的现象。将生态环境犯罪者判处徒刑固然是对其破坏生态与污染环境行为的极端否定，也能起到以儆效尤的预防作用，但是被破坏了的生态与污染了的环境还是得不到填补与恢复。一些国家的立法者已经注意到了这个问题，在生态刑事法律责任的承担方式上采取了刑罚与非刑罚相结合的方式。比如《巴西环境犯罪法》规定了对犯罪者实行"权利限制"，具体包括：社区服务、暂时中止权利、部分或全部中止活动、支付现金、家庭拘禁。上述非监禁的"权利限制"还可以单独适用，其条件是"（1）犯罪没有恶意或者适用的监禁期限最长为 4 年时；（2）被定罪者的罪责、背景、社会行为和个性以及犯罪的

---

① 董燕：《从澳大利亚土地环境法院制度看我国环境司法机制的创新》，载《华东政法学院学报》2007 年第 1 期，第 115 页。

② 贵阳市的试点最为典型。该市设两级环保法庭，即贵阳中院环保审判庭和清镇法院环保法庭。环保法庭负责审理涉及"两湖一库"（红枫湖、百花湖、阿哈水库的简称）水资源保护，以及贵阳市所辖区域内水土、山林保护的环境污染侵权、损害赔偿、环境公益诉讼、污染环境罪等类型的刑事、民事、行政一审案件及相关执行案件；同时，报经贵州省高院指定，还可以审理贵阳市辖区外涉及"两湖一库"水资源保护的相关案件。可以说，贵阳市在全国率先进行了环境保护类别案件三类审判合一、集中专属管辖的尝试。参见肖建国：《环保审判的贵阳模式》，载《人民法院报》2011 年 7 月 7 日第 5 版。

第五章
生态文明视野下生态法益的刑法保障

动机和情节表明，用监禁的替代方式足以实现谴责和预防犯罪的目的时"[①]。上述非刑罚措施具有较为明显的补偿性，可以实现惩罚犯罪与修复环境的较好结合，有利于生态刑事司法目的的实现。

在生态文明建设与生态法益保护过程中，我们对具有"达摩克利斯之剑"之称的刑法充满期待。建设生态文明，需加强生态刑事立法、促进刑事立法的生态化，也需加强生态刑事司法，确保相关主体依法承担刑事责任。当然我们也要看到，刑法机制在保障生态法益过程中，尚需相关社会资源的支持，也需要刑事司法系统具备相关能力。另外，刑法对生态法益的有效保障还需要努力协调好生态法益与传统法益及非人类的其他主体法益的协同保护。我们有理由相信，完善、有效的生态法益刑法保障机制，将会对我国生态文明建设及中华文明的伟大复兴做出积极贡献。

[①] 《巴西环境犯罪法》，郭怡译，郭建安校订，中国环境科学出版社 2009 年版，第 2 页。

结　　论

关于本项研究之主题，可以得出如下结论：

一、在理论层面的基本结论

（一）对课题研究标的认识深化方面的结论

1. 关于司法效能。司法效能是一个崭新的研究领域。司法效能与司法价值、司法目的既紧密联系，又有一定的区分。司法效能主要是从司法功能的角度从实然层面对司法效果的描述与评价。司法效能的评价可以是基于某类案件的评价，也可以是对某一地区、某一时间段内整体司法行为效果的评价。基于类案的司法效能评价的主要机理是：某一案件从个案的角度是否得到了公正处理、该类案件处理的时间成本、经济成本、社会成本如何；司法行为对该类案件的产生机理是否产生了倒逼效应及倒逼效应的生成机理，社会矛盾纠纷是否处于减弱或可控状态。

2. 关于环境司法效能。环境司法的效能评价是司法效能之一种。环境司法作为司法活动的新型形态具有一定的特殊性。环境司法效能评价的前提是明确环境司法的目的。当前在我国法律界、法学界存在对环境司法目的的几种错误认识，其中最为典型的是，认为环境司法的目的在于环境保护，甚至认为环境司法的唯一或主要目的就是环境保护。上述认识是错误的。明确环境司法的效能评价，首先需明确环境司法的核心目的仍然是个案的公正处理，而个案的公正处理并不必然带来环境保护的直接效果。在环境司法过程中，法官需严格按照既定的实体法与程序法，查明案件事实，准确适用法律，作出公正判决，评价环境司法效能的首要标准仍然是个案是否得到了公正裁决。

3. 关于环境刑事司法效能。环境刑事司法效能是对环境资源领域的刑事司法活动效果的评价。环境刑事司法效能在本质上是刑法调整环境资源领域效果的评价。刑法的基本机制决定了环境刑事司法效能的评价既有宏观层面，也有微观层面。宏观层面上的环境刑事司法效能主要是指刑法手段施行后，环境资源领域内的严重违法与犯罪行为是否得到了有效遏制，刑法的惩罚与预防功能是否得到了有效发挥，社会主体对该领域的权益分配治理效果是否满意及满意的程度等。微观层面的环境刑事司法效能，主要是指涉嫌环境资源犯罪的行为是否进入了司法程序，是否得到了准确判罚，当事人（公诉机关与被告人）对判罚是否认可，该涉嫌环境资源犯罪的行为的外部关系人（工厂、社区或者使用环境资源要素的主体）对判罚的外部评价是否适当等。

（二）对课题关联范畴认识的深化方面的结论

1. 关于环境污染犯罪。污染环境犯罪是最为典型的环境犯罪。当前，社会各界对非法排放、倾倒、处置污染物的行为具有一定程度的恶感，使得对污染环境行为进行刑事处罚具有较好的社会根基。污染环境犯罪侵害的客体既包括传统法益（如人身法益、财产法益），又包括新型法益（即生态法益）。生态法益具有公共性，其载体主要有环境容量、生态流量等。污染环境犯罪具有强烈的行政从属性，即污染环境的行为首先是行政法上的违法行为，违反行政法超过一定程度后即具有刑事违法性。在认定污染环境犯罪时，应避免单纯以危害行为或危害结果等客观要素来判定犯罪,要坚持主客观相一致原则,对行为人的主观方面进行一定程度的考量,其最低标准应为对结果持放任态度,如对结果毫无认知则不宜作为污染环境罪进行定罪。

2. 关于环境犯罪的因果关系。因果关系是传统犯罪定性的核心考察要素。环境被污染的原因行为与非法排放、倾倒、处置等行为往往存在隔离性,从而使环境犯罪尤其是污染环境犯罪的因果关系判断变得复杂。统计研究表明,在我国相当多数环境犯罪尤其是污染环境犯罪在刑事判决书中没有记载违法行为与危害后果之间的因果关系,办案机关(环保机关、公安机关、检察机关)也没有或者很少采集专门证明因果关系的证据,这表明传统的因果关系判断在当前的污染环境犯罪司法判定中的地位已经下降。上述司法样态表明,在风险刑法理论视野下,在污染环境犯罪领域因果关系判断已经超越"归因"的价值导向,而向"归责"的价值导向转换。以"归责"为价值导向的因果关系判断的风险要通过诉讼程序中的充分辩护由被告人或其辩护人通过排除合理怀疑的方式进行控制。本课题的研究也表明,在生态破坏类犯罪中,因果关系的证明标准已经不是证明生态被破坏等的逻辑性后果,而是将"林木被盗伐""野生动物被猎捕、杀害""河砂被盗采"等直接后果作为危害后果,其背后的生态价值损失在判决书及法庭辩论中也不再被叙明。

3. 关于刑法生态化。刑法生态化是环境刑事司法实践活动的理论拓印。刑法生态化的关键在于生态法益作为环境犯罪的实质客体观念的树立。刑法生态化具有刑事立法、刑事司法、刑法执行等多个测量维度。刑事立法生态化的主要特征有:基于上述生态法益作为独立法益类型的刑事立法的体例设置的相对分立;环境犯罪的犯罪构成刑法描述的相对抽象等。刑事司法的生态化则在于司法者对相对抽象的环境刑事立法的内涵能够作出相对稳定的理解与解释。上述对环境犯罪的犯罪构成描述的刑事立法与刑事司法的贯通性与一致性表明,固定

结　论

于刑事立法中的生态法益需被刑事司法者进行准确识别与度量。需要注意的是，刑法生态化并不意味着在刑法执行中以生态修复行为代替惩罚行为，这种错误观念将以直接实现环境保护的所谓目的正当性而破坏刑法的机能，是不可取的。

二、在实践层面的基本结论

本项研究通过大量的统计分析与实证研究，对我国环境刑事法的效能作出如下具有支撑的基本评价：

（一）运用刑法手段惩治环境资源违法犯罪行为在我国具有一定的效果

之所以作出如上结论，是基于如下研究结论的支撑：

1. 运用刑法手段惩治环境资源违法犯罪行为在我国不仅已成为自 1997 年《刑法》颁行以来刑事立法的组成部分，而且在近年来成为实践中刑事司法活动的重要类型之一。 我国 1997 年《刑法》即在分则第六章第六节专门规定了"破坏环境资源保护罪"，显示了在立法者的视野中，该类犯罪具有一定的独立性，也应被刑法所规制的理念。当然，我们的研究也再次确认了一个事实，即上述刑事立法在实践层面，也就是上述立法在实践中的司法层面是具有极大的时空差异的，其最大特点就是资源类犯罪（如盗伐林木罪、滥伐林木罪）较早被司法化，但污染类犯罪（如污染环境罪）直到 2013 年后才大量进入司法实践视野。1997 年《刑法》颁行以来，中国的环境资源刑事立法全面实现了司法化，刑法典所规定的"破坏环境资源保护罪"虽然在各地区呈差异化分布，但从全国范围内而言，其已经全面实现了司法化。

**2. 社会公众对环境资源领域的违法犯罪行为建立起了初步的罪感与恶感，运用刑法手段惩治生态环境犯罪的社会价值与道德舆论环

境基本生成。不可否认，虽然 1997 年《刑法》规定了"破坏环境资源保护罪"，但在过去二十多年间，中国的社会公众对环境资源犯罪的态度还是经历了较大的演化过程。比如，早期人们认为盗伐林木、滥伐林木、非法采矿等行为侵害了国家的财产权，作为犯罪行为处理心理上是能够接受的，但对于向河流、水体、土壤等公共空间排放污染物要被判刑则不甚理解。时至今日，基于对生态环境重要性尤其是对公民个人的健康和生活在优美环境中的重要性的认识，社会公众对污染环境、破坏生态的行为已具有较强的负面评价，对严重的污染环境、破坏生态行为判处刑罚已经能够接受。即便对于被判罚者，其从事了上述行为，具有一定程度的罪感，对被判处较为适当的刑罚内心也能接受，并具有一定的悔罪心理。

3. 严重污染环境、破坏生态的行为得到了一定程度的遏制，污染环境、破坏生态的违法犯罪活动在一定地区内得到了较好的行政与法律控制。统计研究表明，我国环境资源犯罪的发案率呈现出一定的规律。这一规律表明，对于生态破坏类犯罪，案件数量较多的省份近年来呈现出相对的稳定性，也就是说，这类犯罪存在案发数量的峰值。生态破坏犯罪峰值点的存在是客观的，与该地区生态要素的总量、行政管控的有效性、稳定性等紧密关联。统计分析显示，污染环境犯罪的发案率在大多数省份还在升高，这是正常的，毕竟这类犯罪从 2013 年开始才被强有力打击，从 2014 年甚至 2015 年起才有了强有力的法律武器，一些反应较慢的省份甚至刚刚建立起联合打击机制。但我们也要清醒，污染环境类犯罪的数量也是存在峰值的，这个峰值可能在未来几年内达到，甚至在浙江等某些起步较早的省份会较快达到。这个峰值的存在主要与行政管控与刑事法律的不同功能有关，一个地方的空气质量、水体质量等主要还应靠行政管控实现。若污染环境的刑事案件无限度增长，只能说明一个问题，即某一地区对环境质量的行政管理失效了，全部违法行为都犯罪化了，这是需要警醒与避免的。

基于上述三个通过统计分析得出的观点，关于我国的环境刑事司法效能，可以得出一个基本结论，即运用刑法手段惩治环境资源违法犯罪活动在我国具有一定效果。这个结论表明，将严重的污染环境和破坏生态的行为作为犯罪的刑事政策在我国已经转化为司法实践，也表明我国的环境刑事司法是严肃的，是可观测、可测量的，我国的环境刑事司法活动是追求效能的，也是具有一定效能的。

（二）运用刑法手段惩治环境资源违法犯罪行为在我国仍处于早期阶段

在得出我国的环境刑事司法具有一定效能的基本结论，肯定了我国刑法在惩治环境资源犯罪的有效性后，我们的统计分析还发现了一些新的现象，这些现象表明，我国的环境刑事司法事业还处于起步阶段，还有待发展。具体而言，有下列几点支撑性的结论：

1. 经济社会发展差异巨大，环境刑事司法活动的开展程度、有效性等存在巨大的地区差异。 由于历史与政策原因等，我国东中西部经济与社会发展水平差异巨大，这对环境刑事司法活动造成了相当大的影响。目前浙江、江苏等东部地区的环境刑事司法工作已经基本成为司法机关的常态性司法活动，今后将走向精细化，而中西部地区特别是广大的西部地区，环境刑事司法工作还处于起步阶段，甚至有些地区还处于司法动员或社会动员阶段。课题统计分析发现，中西部特别是西部一些地区，污染环境类刑事案件数量极为有限，但诸如盗伐林木、滥伐林木等案件的数量则保持在较高水平。这表明，中西部一些地区对于不同类型环境资源犯罪的性质的认识还处于起步阶段，尚没有完全建立对属于公共利益的生态环境权利与对财产权益的同等保护。同时，从2017年中央查处的"祁连山生态破坏事件"可以看出，在我国某些地区还存在"形式环保""形式法治"的现象，在这种情形之下，环境刑事司法并无坚实的社会基础，环境违法犯罪行为的有效法律管控还需要较长的时间周期。

2. 环境刑事案件司法处理的精细程度有限,个案公正作为司法价值导向还有较长的路要走。 自 2011 年《刑法修正案(八)》颁行,特别是 2013 年第 15 号司法解释施行以后,我国各地区尤其是东部经济发达地区污染环境犯罪数量大量上升。案件数量的上升主要有两个原因,一是污染环境罪的入罪标准降低,二是环保、公安、检察等机关建立了联动机制,移送到法院的案件数量客观上增加了。但通过本课题的实证研究我们发现,虽然上述污染环境的刑事案件得到了及时判罚,但通过对案件的辩护率、二审率等指标的考察以及案件判决书中的法律援引、法律说理、判罚依据等的考察发现,基层法院在对包括污染环境、破坏生态在内的环境资源刑事案件作出判罚时,其司法过程及裁量相对粗糙,对部分环境资源刑事二审案件的初步研究也表明,基层法院在环境犯罪事实认定、法律适用等方面的能力有限。虽然由于案件被告人对该领域的认知有限,在获得相对较低的刑事处罚时往往放弃了上诉请求,但毫无疑问,相对粗糙的司法将有碍于个案公正,精细化仍将是环境刑事司法发展的重要面向。

3. 环境刑事案件的司法后效果尚未纳入考量,刑法功能的有效性与有限性在环境犯罪的治理中尚待均衡。 司法效果的评估不仅包括有理据的裁判过程与裁判结果,而且包括裁判的执行情况以及裁判的社会效果等的评价。研究表明,当前我国的环境刑事司法较为注重前者,而对后者关注有限。依据刑法的普遍作用机理,刑法对社会尤其是公共领域的调整,应坚持有效性与有限性的结合,即刑法既要达到惩罚与预防犯罪的功能,也要有限度使用,避免对社会的过度伤害。就目前来看,我国的环境刑事司法尤其是污染环境犯罪刑事司法的有效性有限,在某些地区存在过罪化倾向,①在资源犯罪领域则存在未经行政法评价而直接进行刑事处罚的现象,②这些都不利于刑法功能的正确发挥。

(三)我国环境刑事司法效能的有效发挥有赖于多元资源的有效供给

环境刑事司法是环境司法与刑事司法的复合,是一类较为复杂的司法活动。课题研究表明,提升我国环境刑事司法能力,需要立法与司法体系的有效衔接,需要司法机关、企业、公民、社区等多元资源的有效供给。

1. 环境刑事政策的持续有效与均衡供给及其向环境刑事立法的科学转化是环境刑事司法有效发挥效能的基础资源。环境刑事政策是环境刑事司法活动的灵魂,其有效持续供给是环境刑事司法活动开展的前提。需要注意的是,在下一阶段,即我国即将进入生态文明中期阶段时,环境刑事政策不仅要持续有效供给,尚需均衡供给。此处所言均衡供给,是指对待污染环境犯罪与生态破坏犯罪、自然人犯罪与法人犯罪、不同性质的企业(如国有企业与民营企业)等之间环境刑事政策要均衡分布。上述刑事政策在转化为刑事立法或者具有刑事立法性质的司法解释时,各类环境资源犯罪的犯罪构成要符合刑法基本规律;要注意区分刑法与行政法在保护环境资源方面的不同功能,秉持适度犯罪化的理念,避免直接将行政违法标准设置为犯罪标准,保障环境刑事司法活动中待判定事实的基本类型与法律适用的确证

---

① 一些地区不问犯罪的主观方面,而仅依客观方面定罪;有些地方还存在曲解或扩大刑法及其司法解释规定的入罪标准而入罪的情形,如将未硬化的地面解释为司法解释中的"渗坑"等。

② 如在野生动物犯罪领域,非法猎捕、杀害某些动物一只即构成犯罪,没有预留行政处罚的空间。

程度。

2. 实体法与程序法紧密衔接，实现环境刑事司法体系与司法能力的现代化是环境刑事司法效能发挥的能力资源。 个案公正是环境刑事司法效能评价的主指标。提升环境刑事司法效能要以提升环境刑事司法能力特别是环境刑事审判能力为核心。当前，我国环境司法具有专门化面向，我们应通过环境法庭、环境合议庭等加强环境审判体系的现代化。我国的环境刑事司法应坚持"以审判为中心"的诉讼制度改革的方向，加强实体法与程序法的衔接，加强诉讼参与人的诉讼能力建设。公诉机关要加强对犯罪的指控能力以及是否构成犯罪的识别能力，被告人及其辩护人要加强基于事实与法律的法庭辩护能力。要加快环境司法鉴定能力的建设，提升对污染环境、生态破坏的事实鉴定与损害核算能力，并建立起上述证据向法庭证据的转化机制。通过充分辩护等提升法院的事实认定能力，通过大数据等提升法官的法律适用能力。

3. 环境教育与法治教育紧密结合，加强公民、企业和社区等对环境权益及其法治保障路径的认识，增强环境刑事司法发挥效能的外部资源。 司法活动参与人的正义观对司法活动的效果有重大影响，是决定法官判不判、判轻还是判重，被告人服不服、上不上诉、悔不悔罪的重要意志因素。法官、公民、企业等树立正确的环境司法正义观有赖于环境教育与法治教育的有机结合，而这不仅需要法院通过具有公信力的既判案件引导社会，也需政府、社会组织、学术界等对环境正义观念的宣教。增强环境刑事司法发挥效能的外部资源应树立多元共治思维，应以我国的生态文明建设为契机，在环境教育中加强法治教育，将公民环境权、环境公共利益、企业环境成本、企业社会责任、企业环境义务甚至公民环境义务等纳入企业运行与公民的日常生活，增强各主体对环境刑事司法所保护的客体的认知，提升对环境刑事司法保护客体的识别度，加强环境资源犯罪罪感的社会生成。

附录

中国环境刑事司法样态统计数据集成

一、关于数据形成过程的说明

本部分所附数据的基础底料是最高人民法院主办的中国裁判文书网中收录的在统计区间内的相关刑事判决书。数据形成的基本过程是：第一，由课题负责人通过预研究确定具有分析与统计意义的数据提取项，并对基于个案的刑事判决书进行相关信息的初步提取；第二，由数据提取人员对基于个案的刑事判决书中的相关信息进行提取，并载入汇集为类案信息的数据信息表；第三，由统计人员对上述数据信息表进行基于同一类别下不同类型的数量计算，并形成比例数据；第四，由课题负责人及相关人员对上述数据进行校验，并尝试解决部分数据冲突问题。

二、关于数据统计范围的说明

1. 作为数据底料的判决书的截止日期

截至 2016 年 12 月 31 日。

2. 本数据统计所涉地区范围

华中地区：湖北省、湖南省、河南省；

华东地区：上海市、江苏省、浙江省、安徽省、江西省、福建省、山东省；

华南地区：广东省、广西壮族自治区、海南省；

华北地区：北京市、天津市、河北省、山西省、内蒙古自治区；

西北地区：宁夏回族自治区、新疆维吾尔自治区、青海省、陕西省、甘肃省；

西南地区：四川省、云南省、贵州省、西藏自治区、重庆市；

东北地区：辽宁省、吉林省、黑龙江省。

3. 本数据统计所涉年龄范围

18岁以下不包含18岁；18—25岁为18、19、20、21、22、23、24岁；其他以此类推。

4. 分省数据

分省数据为污染环境罪、非法狩猎罪、非法采矿罪三个罪名的刑事案件数量在统计区间内排名全国前五的省份的相关数据。

三、关于容错率的说明

1. 关于数据底料的变动性说明

本统计数据来源于中国裁判文书网，年度数据期间为当年的1月1日至12月31日。需要注意的是，由于上述数据库更新或系统技术问题，可能会导致实时数据与本统计数据之间存在一定程度的误差。

2. 关于数据准确性的说明

由于数据形成方案的天然缺陷以及数据提取人员、统计人员工作可能存在的疏漏，部分数据存在不准确的可能，请读者阅读或使用时注意。

四、对为数据形成做出贡献者的致谢

本人所指导的硕士研究生廖顺、李彬、杨焱、冷玲、刘冯安琪、张亢等对从判决书中提取相关的信息项，博士研究生刘昊对基于信息表的数据统计，博士后李瑞华、博士生顾洪鑫等对数据校对付出了大量辛勤劳动，在此特表谢忱！

第一部分　全国环境资源犯罪数据统计

一、污染环境罪

表 0-1　全国污染环境罪判决年度统计表

年份	案件数量（件）	占比（%）
2012	1	0.04
2013	49	2.09
2014	801	34.23
2015	714	30.51
2016	775	33.12
合计	2340	100

表 0-2　全国污染环境罪判决分省份统计表

省份	案件数量（件）	占比（%）	省份	案件数量（件）	占比（%）
天津	79	3.38	河南	37	1.58
河北	378	16.15	湖北	20	0.85
山西	21	0.90	湖南	16	0.68
内蒙古	1	0.04	广西	6	0.26
辽宁	29	1.24	广东	197	8.42
上海	40	1.71	重庆	15	0.64
江苏	136	5.81	贵州	13	0.56
浙江	911	38.93	陕西	3	0.13
安徽	39	1.67	甘肃	4	0.17
福建	116	4.96	宁夏	7	0.30
山东	254	10.85	云南	4	0.17
江西	8	0.34	西藏	0	0
四川	6	0.26	青海	0	0
黑龙江	0	0	新疆	0	0
北京	0	0	吉林	0	0
海南	0	0	合计	2340	100

表 0-3　全国污染环境罪判决分区域统计表

大区	案件数量（件）	占比（%）	大区	案件数量（件）	占比（%）
东北地区	29	1.24	华南地区	203	8.68
华北地区	479	20.47	西南地区	38	1.62
华东地区	1504	64.27	西北地区	14	0.60
华中地区	73	3.12	合计	2340	100

表 0-4　全国污染环境罪适用审判程序统计表

适用审判程序	案件数量（件）	占比（%）
简易程序	981	41.92
普通程序	1359	58.08
合计	2340	100

表 0-5　全国环境污染犯罪主体类别统计表

犯罪主体	人数（人）	占比（%）
自然人	4237	96.51
法人	153	3.49
合计	4390	100

表 0-6　全国污染环境罪被告人年龄区间统计表

年龄区间	人数（人）	占比（%）	年龄区间	人数（人）	占比（%）
18 岁以下	0	0	45—50 岁	349	8.24
18—25 岁	18	0.42	50—60 岁	379	8.95
25—30 岁	87	2.05	60—70 岁	109	2.57
30—35 岁	149	3.52	70 岁以上	8	0.19
35—40 岁	199	4.70	未载明	2671	63.04
40—45 岁	268	6.33	合计	4237	100

表 0-7　全国污染环境罪被告人性别统计表

性别	人数（人）	占比（%）
男	2483	58.60
女	96	2.27
未载明	1658	39.13
合计	4237	100

表 0-8　全国污染环境罪被告人文化程度统计表

文化程度	人数（人）	占比（%）
文盲	42	0.99
小学文化	295	6.96
初中文化	581	13.71
高中文化	100	2.36
中专文化	26	0.61
大专文化	31	0.73
本科文化	12	0.28
未载明	3150	74.35
合计	4237	100

表 0-9　全国污染环境罪单位犯罪所属行业统计表

行业	案件数量（件）	占比（%）
石油化工	19	12.42
加工制造	72	47.06
建筑建材	10	6.54
电子电工	4	2.61
能源医药	11	7.19
未载明	37	24.18
合计	153	100

表 0-10　全国污染环境罪后果情况统计表

后果情况	案件数量（件）	占比（%）
严重污染环境	2333	99.70
后果特别严重	7	0.30
合计	2340	100

表 0-11　全国污染环境罪入罪方式统计表

入罪方式	案件数量（件）	占比（%）
重金属超标3倍以上	1631	69.70
危险废物3吨以上	561	23.97
其他	148	6.32
合计	2340	100

表 0-12　全国重金属污染环境罪重金属种类统计表

重金属种类	案件数量（件）	占比（%）	重金属种类	案件数量（件）	占比（%）
总铬	480	29.43	镉	41	2.51
六价铬	327	20.05	汞	20	1.23
总锌	189	11.59	苯	17	1.04
总铜	128	7.85	铁	13	0.80
总镍	117	7.17	砷	9	0.55
铜	306	18.76	锰	3	0.18
锌	494	30.29	银	1	0.06
镍	309	18.95	锑	1	0.06
铅	85	5.21	铊	1	0.06

注1：在1631件以重金属超标入罪的环境污染刑事案件中统计各种重金属的占比，有的案件中有多种重金属超标。

注2：苯、铁不属于重金属物质，但在一些个案中存在载明这两种物质超标的记录，统计时亦将其列入了统计范围。

表 0-13 全国污染环境罪刑种适用情况统计表

刑种	人数（人）	占比（%）
单处罚金及无处罚	135	3.19
拘役	562	13.36
有期徒刑并处罚金	3533	83.38
有期徒刑无罚金	7	0.17
合计	4237	100

注：4237 为自然人犯罪数。

表 0-14 全国污染环境罪有期徒刑适用情况统计表

刑期区间	人数（人）	占比（%）	刑期区间	人数（人）	占比（%）
半年以下	448	10.91	二年半到三年	34	0.83
半年到一年	2066	50.30	三年到五年	54	1.31
一年到一年半	1060	25.81	五年以上	0	0
一年半到二年	302	7.35	合计	4107	100
二年到二年半	143	3.48			

表 0-15 全国污染环境罪缓刑适用情况统计表

是否判处缓刑	人数（人）	占比（%）
是	1505	35.52
否	2732	64.48
合计	4237	100

表 0-16 全国污染环境罪罚金刑适用情况统计表

罚金区间（万元）	人数（人）	占比（%）	罚金区间（万元）	人数（人）	占比（%）
0—1	1083	24.85	10—15	193	4.43
1—2	1141	26.18	15—20	42	0.96
2—3	769	17.65	20—30	53	1.22
3—4	390	8.95	30—40	19	0.44
4—5	148	3.40	40—50	3	0.07
5—6	300	6.88	50—100	23	0.53
6—7	76	1.74	100—200	10	0.23
7—8	31	0.71	200—300	3	0.07

(续表)

罚金区间（万元）	人数（人）	占比（%）	罚金区间（万元）	人数（人）	占比（%）
8—9	63	1.45	300以上	2	0.05
9—10	9	0.21	合计	4358	100

注：4358为自然人犯罪数与单位犯罪数之和。

二、非法捕捞水产品罪

表0-17 全国非法捕捞水产品罪判决年度统计表

年份	案件数量（件）	占比（%）
2011	4	0.29
2012	5	0.36
2013	15	1.09
2014	226	16.50
2015	258	18.83
2016	862	62.92
合计	1370	100

表0-18 全国非法捕捞水产品罪判决分省份统计表

省份	案件数量（件）	占比（%）	省份	案件数量（件）	占比（%）
辽宁	8	0.60	湖南	54	4.06
黑龙江	5	0.38	江西	22	1.65
北京	0	0	广西	63	4.73
天津	0	0	广东	127	9.54
河北	5	0.38	海南	0	0
山西	0	0	四川	36	2.70
内蒙古	2	0.15	云南	14	1.05
上海	12	0.90	重庆	169	12.70
江苏	243	18.26	贵州	17	1.28
浙江	367	27.57	青海	20	1.50
安徽	30	2.25	陕西	2	0.15
河南	3	0.23	合计	1331	100
湖北	132	9.92			

注：部分省份可能存在司法数据缺失的情况。

表 0-19　全国非法捕捞水产品罪判决分区域统计表

大区	案件数量（件）	占比（%）	大区	案件数量（件）	占比（%）
东北地区	13	0.95	华南地区	190	13.87
华北地区	7	0.51	西南地区	236	17.23
华东地区	691	50.44	西北地区	22	1.61
华中地区	211	15.40	合计	1370	100

表 0-20　全国非法捕捞水产品罪犯罪主体类别统计表

犯罪主体	案件数量（件）	占比（%）
自然人	1370	100
法人	0	0
合计	1370	100

表 0-21　全国非法捕捞水产品罪被告人年龄区间统计表

年龄区间	人数（人）	占比（%）	年龄区间	人数（人）	占比（%）
18 岁以下	0	0	45—50 岁	125	7.58
18—25 岁	53	3.22	50—60 岁	115	6.98
25—30 岁	108	6.55	60—70 岁	25	1.52
30—35 岁	103	6.25	70 岁以上	2	0.12
35—40 岁	112	6.80	未载明	842	51.09
40—45 岁	163	9.89	合计	1648	100

表 0-22 全国非法捕捞水产品罪被告人文化程度统计表

文化程度	人数（人）	占比（%）
文盲	72	4.49
小学文化	303	18.91
初中文化	308	19.23
高中文化	37	2.31
中专文化	23	1.44
大专文化	9	0.56
本科文化	2	0.12
未载明	848	52.93
合计	1602	100

注：与表 0-21 存在数据差异，具体原因尚需分析。

表 0-23 全国非法捕捞水产品罪入罪方式统计表

入罪方式	案件数量（件）	占比（%）
禁渔期、禁渔区使用禁用的工具、方法捕捞水产品	1369	99.93
其他	1	0.07
合计	1370	100

表 0-24 全国非法捕捞水产品罪禁用工具、禁用方法种类统计表

禁用工具种类	案件数量（件）	占比（%）	禁用方法种类	案件数量（件）	占比（%）
电捕鱼工具	873	63.72	电捕鱼方式	873	63.72
禁用网具	216	15.77	毒鱼	16	1.17
高压水枪	16	1.17	高压水枪作业	13	0.95
其他	265	19.34	炸鱼	4	0.29
合计	1370	100	其他	464	33.87
			合计	1370	100

表 0-25 全国非法捕捞水产品罪刑种适用情况统计表

刑种	人数（人）	占比（%）
单处罚金及无处罚	709	49.13
拘役	526	36.45
有期徒刑并处罚金	7	0.49
有期徒刑无罚金	201	13.93
合计	1443	100

表 0-26 全国非法捕捞水产品罪有期徒刑适用情况统计表

刑期区间	人数（人）	占比（%）	刑期区间	人数（人）	占比（%）
半年以下	0	0	二年到二年半	2	0.96
半年到一年	173	83.17	二年半到三年	0	0
一年到一年半	15	7.21	三年以上	0	0
一年半到二年	18	8.65	合计	208	0

表 0-27 全国非法捕捞水产品罪缓刑适用情况统计表

是否判处缓刑	人数（人）	占比（%）
是	782	58.10
否	564	41.90
合计	1346	100

三、非法猎捕、杀害珍贵、濒危野生动物罪

表 0-28 全国非法猎捕、杀害珍贵、濒危野生动物罪判决年度统计表

年份	案件数量（件）	占比（%）
2012	5	1.53
2013	18	5.52
2014	72	22.09
2015	93	28.53
2016	138	42.33
合计	326	100

表 0-29　全国非法猎捕、杀害珍贵、濒危野生动物罪判决分省份统计表

省份	案件数量（件）	占比（%）	省份	案件数量（件）	占比（%）
天津	0	0	河南	11	3.37
河北	2	0.61	湖北	20	6.13
山西	0	0	湖南	8	2.45
内蒙古	18	5.52	广西	21	6.44
辽宁	6	1.84	广东	16	4.91
上海	0	0	重庆	3	0.92
江苏	5	1.53	贵州	6	1.84
浙江	27	8.28	陕西	20	6.13
安徽	8	2.45	甘肃	12	3.68
福建	26	7.98	宁夏	2	0.61
山东	1	0.31	云南	19	5.83
北京	1	0.31	西藏	11	3.37
吉林	17	5.21	青海	5	1.53
黑龙江	10	3.07	新疆	5	1.53
江西	8	2.45	四川	33	10.12
海南	5	1.53	合计	326	100

表 0-30　全国非法猎捕、杀害珍贵、濒危野生动物罪判决分区域统计表

大区	案件数量（件）	占比（%）	大区	案件数量（件）	占比（%）
东北地区	33	10.12	华南地区	42	12.88
华北地区	21	6.44	西南地区	72	22.09
华东地区	75	23.01	西北地区	44	13.50
华中地区	39	11.96	合计	326	

附录 中国环境刑事司法样态统计数据集成

表 0-31 全国非法猎捕、杀害珍贵、濒危野生动物罪犯罪主体类别统计表

犯罪主体	案件数量（件）	占比（%）
自然人	326	100
法人	0	0
合计	326	100

表 0-32 全国非法猎捕、杀害珍贵、濒危野生动物罪适用审判程序统计表

适用审判程序	案件数量（件）	占比（%）
简易程序	149	45.71
普通程序	177	54.29
合计	326	100

表 0-33 全国非法猎捕、杀害珍贵、濒危野生动物罪被告人年龄区间统计表

年龄区间	人数（人）	占比（%）	年龄区间	人数（人）	占比（%）
18 岁以下	0	0	46—50 岁	19	3.97
18—25 岁	17	3.56	51—60 岁	33	6.90
26—30 岁	14	2.93	61—70 岁	12	2.51
31—35 岁	21	4.39	71 岁及以上	1	0.21
36—40 岁	18	3.77	未载明	325	67.99
41—45 岁	18	3.77	合计	478	100

表 0-34 全国非法猎捕、杀害珍贵、濒危野生动物罪被告人文化程度统计表

文化程度	人数（人）	占比（%）
文盲	37	7.74
小学文化	125	26.15
初中文化	68	14.23
高中文化	11	2.30
中专文化	2	0.41
本科文化	1	0.21
未载明	234	48.95
合计	478	100

表 0-35　全国非法猎捕、杀害珍贵、濒危野生动物罪被告人职业统计表

职业	人数（人）	占比（%）
城市务工人员	13	2.72
个体经营户	7	1.46
无业	27	5.65
养殖户	3	0.63
农民（包括粮农、牧民）	217	45.40
农业技术人员	1	0.21
退休职工	3	0.63
船员	11	2.30
未载明	196	41.00
合计	478	100

表 0-36　全国非法猎捕、杀害珍贵、濒危野生动物罪被告人聘请辩护人情况统计表

是否聘请辩护人	人数（人）	占比（%）
是	97	20.29
否	381	79.71
合计	478	100

表 0-37　全国非法猎捕、杀害珍贵、濒危野生动物罪被告人性别统计表

性别	人数（人）	占比（%）
男	392	82.01
女	4	0.84
未载明	82	17.15
合计	478	100

表 0-38　全国非法猎捕、杀害珍贵、濒危野生动物罪情节情况统计表

情节情况	案件数量（件）	占比（%）
情节严重	39	11.96
情节特别严重	29	8.90
其他	258	79.14
合计	326	100

表 0-39　全国非法猎捕、杀害珍贵、濒危野生动物罪入罪的野生动物濒危程度（国家名录、国际名录）统计表

野生动植物濒危程度	案件数量（件）	占比（%）
《濒危野生动植物种国际贸易公约》	10	3.07
国家二级	283	86.81
国家一级	33	10.12
合计	326	100

表 0-40　全国非法猎捕、杀害珍贵、濒危野生动物罪共同犯罪情况统计表

是否共同犯罪	案件数量（件）	占比（%）
是	103	31.60
否	223	68.40
合计	326	100

表 0-41　全国非法猎捕、杀害珍贵、濒危野生动物罪被告人前科情况统计表

是否有前科	人数（人）	占比（%）
是	14	2.93
否	464	97.07
合计	478	100

表 0-42　全国非法猎捕、杀害珍贵、濒危野生动物罪被告人自首情况统计表

是否自首	人数（人）	占比（%）
是	83	17.36
否	395	82.64
合计	478	100

表 0-43　全国非法猎捕、杀害珍贵、濒危野生动物罪被告人立功情况统计表

是否立功	人数（人）	占比（%）
是	5	1.05
否	473	98.95
合计	478	100

表 0-44　全国非法猎捕、杀害珍贵、濒危野生动物罪刑种适用情况统计表

刑种	人数（人）	占比（%）
单处罚金及无处罚	6	1.26
管制	1	0.21
拘役	49	10.25
有期徒刑并处罚金	421	88.08
有期徒刑无罚金	1	0.21
合计	478	100

表 0-45　全国非法猎捕、杀害珍贵、濒危野生动物罪有期徒刑适用情况统计表

刑期区间	人数（人）	占比（%）	刑期区间	人数（人）	占比（%）
一年以下	105	24.88	五年到十年	48	11.37
一年到两年	139	32.94	十年以上	14	3.32
两年到五年	116	27.49	合计	422	100

表 0-46　全国非法猎捕、杀害珍贵、濒危野生动物罪缓刑适用情况统计表

是否判处缓刑	人数（人）	占比（%）
是	281	72.61
否	106	27.39
合计	387	100

表 0-47　全国非法猎捕、杀害珍贵、濒危野生动物罪罚金刑适用情况统计表

罚金区间（万元）	人数（人）	占比（%）	罚金区间（万元）	人数（人）	占比（%）
0.2 以下	86	18.57	2—5	28	6.05
0.2—0.5	186	40.17	5 以上	8	1.73
0.5—1	101	21.81	合计	463	100
1—2	54	11.66			

四、非法狩猎罪

表 0-48　全国非法狩猎罪判决年度统计表

年份	案件数量（件）	占比（%）
2005	1	0.07
2007	1	0.07
2009	2	0.14
2010	5	0.36
2011	3	0.22
2012	7	0.50
2013	40	2.87
2014	288	20.69
2015	414	29.74
2016	631	45.33
合计	1392	100

表 0-49　全国非法狩猎罪判决分省份统计表

省份	案件数量（件）	占比（%）	省份	案件数量（件）	占比（%）
天津	11	0.79	河南	225	16.16
河北	9	0.65	湖北	54	3.88
山西	35	2.51	湖南	58	4.17
内蒙古	63	4.53	广西	3	0.22
辽宁	84	6.03	广东	11	0.79
上海	4	0.29	重庆	6	0.43
江苏	409	29.38	贵州	7	0.50
浙江	131	9.41	陕西	35	2.51
安徽	65	4.67	甘肃	5	0.36
福建	28	2.01	宁夏	1	0.07
山东	22	1.58	云南	3	0.22
北京	4	0.29	西藏	0	0
吉林	51	3.66	青海	0	0
黑龙江	21	1.51	新疆	2	0.14
江西	21	1.51	四川	18	1.29
海南	6	0.43	合计	1392	100

表 0-50　全国非法狩猎罪判决分区域统计表

大区	人数（人）	占比（%）	大区	人数（人）	占比（%）
东北地区	156	11.21	华南地区	20	1.44
华北地区	122	8.76	西南地区	34	2.44
华东地区	680	48.85	西北地区	43	3.09
华中地区	337	24.21	合计	1392	100

表 0-51　全国非法狩猎罪犯罪主体类别统计表

犯罪主体	案件数量（件）	占比（%）
自然人	1392	100
法人	0	0
合计	1392	100

表 0-52　全国非法狩猎罪适用审判程序统计表

适用审判程序	案件数量（件）	占比（%）
简易程序	1013	72.77
普通程序	379	27.23
合计	1392	100

表 0-53　全国非法狩猎罪被告人年龄区间统计表

年龄区间	人数（人）	占比（%）	年龄区间	人数（人）	占比（%）
18 岁以下	0	0	46—50 岁	189	6.71
18—25 岁	39	1.38	51—60 岁	210	7.46
26—30 岁	93	3.30	61—70 岁	66	2.34
31—35 岁	133	4.72	71 岁及以上	7	0.25
36—40 岁	133	4.72	未载明	1757	62.39
41—45 岁	189	6.71	合计	2816	100

注：与表 0-54 存在数据差异，具体原因尚需分析。

表 0-54　全国非法狩猎罪被告人文化程度统计表

文化程度	人数（人）	占比（%）
文盲	73	2.66
小学文化	389	14.19
初中文化	335	12.22
高中文化	46	1.68
中专文化	11	0.40
职高文化	1	0.04
大专文化	8	0.29
本科文化	2	0.07
硕士文化	1	0.04
未载明	1876	68.42
合计	2742	100

表 0-55　全国非法狩猎罪被告人职业统计表

职业	人数（人）	占比（%）
公司职工	39	1.42
政府工作人员	3	0.11
城市务工人员	64	2.33
个体经营户	63	2.30
驾驶员	2	0.07
教师	1	0.04
无业	171	6.24
客运人员	2	0.07
农民（包括粮农、牧民）	1113	40.59
退休职工	8	0.29
医生	1	0.04
未载明	1275	46.50
合计	2742	100

表 0-56　全国非法狩猎罪被告人聘请辩护人情况统计表

是否聘请辩护人	人数（人）	占比（%）
是	106	3.87
否	2636	96.13
合计	2742	100

表 0-57　全国非法狩猎罪被告人性别统计表

性别	人数（人）	占比（%）
男	1046	38.15
女	65	2.37
未载明	1631	59.48
合计	2742	100

表 0-58　全国非法狩猎罪情节情况统计表

情节情况	案件数量（件）	占比（%）
情节严重	1392	100
其他	0	0
合计	1392	100

表 0-59　全国非法狩猎罪情节严重类型统计表

情节严重类型	案件数量（件）	占比（%）
在禁猎区、禁猎期使用禁用的工具、方法狩猎	1392	100
其他类型	0	0
合计	1392	100

表0-60 全国非法狩猎罪入罪的野生动物种类统计表

野生动物种类	人数（人）	占比（%）	野生动物种类	人数（人）	占比（%）
野生蛙类	408	23.90	白鹭	11	0.64
麻雀	124	7.26	鹌鹑	10	0.59
鸠鸽科鸟类	116	6.80	雀形目椋鸟科	10	0.59
野兔	110	6.44	白胸苦恶鸟	9	0.53
雀形目画眉科鸟类	68	3.98	百灵科鸟类	9	0.53
黑水鸡	65	3.81	骨顶鸡	7	0.41
野生蛇类	53	3.10	豆雁	6	0.35
猪獾	19	1.11	其他野生动物	671	39.31
环颈雉	11	0.64	合计	1707	100

0-61 全国非法狩猎罪共同犯罪情况统计表

是否共同犯罪	案件数量（件）	占比（%）
是	896	64.37
否	496	35.63
合计	1392	100

表0-62 全国非法狩猎罪被告人前科情况统计表

是否有前科	人数（人）	占比（%）
是	108	3.94
否	2634	96.06
合计	2742	100

表0-63 全国非法狩猎罪被告人自首情况统计表

是否自首	人数（人）	占比（%）
是	323	11.78
否	2419	88.22
合计	2742	100

表 0-64　全国非法狩猎罪被告人立功情况统计表

是否立功	人数（人）	占比（%）
是	19	0.69
否	2723	99.31
合计	2742	100

表 0-65　全国非法狩猎罪刑种适用情况统计表

刑种	人数（人）	占比（%）
单处罚金及无处罚	1107	50.87
管制	110	5.06
拘役	528	24.26
有期徒刑并处罚金	16	0.74
有期徒刑无罚金	415	19.07
合计	2176	100

表 0-66　全国非法狩猎罪有期徒刑适用情况统计表

刑期区间	人数（人）	占比（%）	刑期区间	人数（人）	占比（%）
半年以下	2	0.46	一年半到二年	15	3.48
半年到一年	280	64.97	二年以上	11	2.55
一年到一年半	123	28.54	合计	431	100

表 0-67　全国非法狩猎罪缓刑适用情况统计表

是否判处缓刑	人数（人）	占比（%）
是	561	58.50
否	398	41.50
合计	959	100

表 0-68　全国非法狩猎罪罚金刑适用情况统计表

罚金区间（万元）	人数（人）	占比（%）	罚金区间（万元）	人数（人）	占比（%）
0.2 以下	186	17.10	0.5—1	231	21.23
0.2—0.3	258	23.71	1 以上	115	10.57
0.3—0.4	212	19.49	合计	1088	100
0.4—0.5	86	7.90			

五、非法占用农用地罪

表 0-69　全国非法占用农用地罪判决分省份统计表

省份	案件数量（件）	占比（%）	省份	案件数量（件）	占比（%）
北京	4	0.07	湖北	100	1.86
天津	7	0.13	湖南	170	3.16
河北	280	5.21	广东	155	2.88
山西	43	0.80	广西	95	1.77
内蒙古	801	14.90	海南	28	0.52
辽宁	220	4.09	重庆	15	0.28
吉林	1037	19.29	四川	88	1.64
黑龙江	481	8.95	贵州	79	1.47
上海	12	0.22	云南	418	7.78
江苏	15	0.28	西藏	1	0.02
浙江	107	1.99	陕西	272	5.06
安徽	85	1.58	甘肃	60	1.12
福建	136	2.53	青海	18	0.33
江西	128	2.38	宁夏	22	0.41
山东	84	1.56	新疆	110	2.05
河南	305	5.67	合计	5376	100

表 0-70　全国非法占用农用地罪判决分区域统计表

大区	案件数量（件）	占比（%）	大区	案件数量（件）	占比（%）
东北地区	1738	32.33	华南地区	278	5.17
华北地区	1135	21.11	西南地区	601	11.18
华东地区	567	10.55	西北地区	482	8.97
华中地区	575	10.70	合计	5376	100

六、非法采矿罪

表 0-71　全国非法采矿罪判决年度统计表

年份	案件数量（件）	占比（%）
2011	2	0.19
2012	16	1.51
2013	61	5.74
2014	404	38.01
2015	278	26.15
2016	302	28.41
合计	1063	100

表 0-72　全国非法采矿罪判决分省份统计表

省份	案件数量（件）	占比（%）	省份	案件数量（件）	占比（%）
北京	12	1.13	湖北	18	1.69
天津	2	0.19	湖南	49	4.61
河北	72	6.77	广东	127	11.95
山西	32	3.01	广西	32	3.01
内蒙古	3	0.28	海南	1	0.09
辽宁	75	7.06	四川	43	4.05
吉林	43	4.05	贵州	16	1.51
黑龙江	9	0.85	云南	15	1.41
江苏	29	2.73	陕西	10	0.94
浙江	138	12.98	甘肃	4	0.38
安徽	34	3.20	青海	8	0.75
福建	97	9.13	新疆	4	0.38
江西	70	6.59	重庆	0	0
河南	74	6.96	上海	0	0
山东	46	4.33	西藏	0	0
			合计	1063	100

表 0-73　全国非法采矿罪判决分区域统计表

大区	案件数量（件）	占比（%）	大区	案件数量（件）	占比（%）
东北地区	127	11.95	华南地区	160	15.05
华北地区	121	11.38	西南地区	74	6.96
华东地区	414	38.95	西北地区	26	2.45
华中地区	141	13.26	合计	1063	100

表 0-74　全国非法采矿罪犯罪主体类别统计表

犯罪主体	案件数量（件）	占比（%）
自然人	1045	98.31
法人	18	1.69
合计	1063	100

表 0-75　全国非法采矿罪适用审判程序统计表

适用审判程序	案件数量（件）	占比（%）
简易程序	217	20.41
普通程序	846	79.59
合计	1063	100

表 0-76　全国非法采矿罪被告人年龄区间统计表

年龄区间	人数（人）	占比（%）	年龄区间	人数（人）	占比（%）
18 岁以下	0	0	45—50 岁	220	10.69
18—25 岁	17	0.83	50—60 岁	218	10.59
25—30 岁	61	2.96	60—70 岁	37	1.80
30—35 岁	85	4.13	70 岁以上	3	0.15
35—40 岁	123	5.98	未载明	1063	51.65
40—45 岁	231	11.22	合计	2058	100

表 0-77　全国非法采矿罪被告人文化程度统计表

文化程度	人数（人）	占比（%）
文盲	15	0.73
小学文化	312	15.16
初中文化	563	27.36
高中文化	109	5.30
中专文化	18	0.87
大专文化	31	1.51
本科文化	5	0.24
未载明	1005	48.83
合计	2058	100

表 0-78　全国非法采矿罪被告人聘请辩护人情况统计表

是否聘请辩护人	人数（人）	占比（%）
是	841	40.86
否	1217	59.14
合计	2058	100

表 0-79　全国非法采矿罪被告人性别统计表

性别	人数（人）	占比（%）
男	1325	64.38
女	40	1.94
未载明	693	33.67
合计	2058	100

表 0-80　全国非法采矿罪职业统计表

职业	人数（人）	占比（%）
法人代表	7	0.34
公司职员	69	3.35
石雕工	1	0.05
农民	706	34.31

（续表）

职业	人数（人）	占比（%）
无业	232	11.27
个体	101	4.91
船上工作人员	11	0.53
政府工作人员	45	2.19
医院院长	1	0.05
煤矿总工程师	1	0.05
学生	1	0.05
教师	1	0.05
司机	14	0.68
未载明	868	42.18
合计	2058	100

表0-81 全国非法采矿罪后果情况统计表

后果情况	案件数量（件）	占比（%）
情节严重	543	51.08
情节特别严重	389	36.59
未载明	131	12.32
合计	1063	100

表0-82 全国非法采矿罪的矿石类型统计表

矿石类型	案件数量（件）	占比（%）
砂矿	437	41.11
煤矿	81	7.62
有色金属矿	30	2.82
黑色金属矿	58	5.46
贵金属矿	12	1.13
稀土矿	96	9.03
其他	349	32.83
合计	1063	100

表 0-83　全国非法采矿罪共同犯罪情况统计表

是否共同犯罪	案件数量（件）	占比（%）
是	660	62.09
否	403	37.91
合计	1063	100

表 0-84　全国非法采矿罪被告人前科情况统计表

是否有前科	人数（人）	占比（%）
是	224	10.88
否	1834	89.12
合计	2058	100

表 0-85　全国非法采矿罪被告人自首情况统计表

是否自首	人数（人）	占比（%）
是	783	38.05
否	1275	61.95
合计	2058	100

表 0-86　全国非法采矿罪被告人立功情况统计表

是否立功	人数（人）	占比（%）
是	50	2.43
否	2008	97.57
合计	2058	100

表 0-87　全国非法采矿罪犯罪形式统计表

犯罪形式	案件数量（件）	占比（%）
逾期开采	20	1.88
越界开采	20	1.88
无证开采	1023	96.24
合计	1063	100

表 0-88　全国非法采矿罪刑种适用情况统计表

刑种	人数（人）	占比（％）
免予刑事处罚	20	0.97
单处罚金	100	4.86
管制并处罚金	17	0.83
拘役并处罚金	119	5.78
有期徒刑并处罚金	1802	87.56
合计	2058	100

表 0-89　全国非法采矿罪有期徒刑适用情况统计表

刑期区间	人数（人）	占比（％）	刑期区间	人数（人）	占比（％）
半年以下	117	6.49	二年半到三年	362	20.09
半年到一年	624	34.63	三年到五年	109	6.05
一年到一年半	294	16.32	五年以上	5	0.28
一年半到二年	215	11.93	合计	1802	100
二年到二年半	76	4.22			

表 0-90　全国非法采矿罪缓刑适用情况统计表

是否判处缓刑	人数（人）	占比（％）
是	1182	57.43
否	876	42.57
合计	2058	100

表 0-91　全国非法采矿罪罚金刑适用情况统计表

罚金区间（万元）	人数（人）	占比（％）	罚金区间（万元）	人数（人）	占比（％）
0—1	566	27.50	10—15	76	3.69
1—2	383	18.61	15—20	80	3.89
2—3	231	11.22	20—30	52	2.53
3—4	95	4.62	30—40	15	0.73
4—5	209	10.16	40—50	21	1.02

(续表)

罚金区间（万元）	人数（人）	占比（%）	罚金区间（万元）	人数（人）	占比（%）
5—6	51	2.48	50—100	14	0.68
6—7	24	1.17	100—200	6	0.29
7—8	52	2.53	200—300	5	0.24
8—9	6	0.29	300以上	1	0.05
9—10	151	7.34	未处罚金	20	0.97
			合计	2058	100

七、破坏性采矿罪

表0-92　全国破坏性采矿罪判决年度统计表

年份	案件数量（件）	占比（%）
2012	0	0
2013	0	0
2014	0	0
2015	0	0
2016	1	100
合计	1	100

表0-93　全国破坏性采矿罪判决分省份统计表

省份	案件数量（件）	占比（%）
广东	1	100
其他	0	0
合计	1	100

表0-94　全国破坏性采矿罪判决分区域统计表

大区	案件数量（件）	占比（%）	大区	案件数量（件）	占比（%）
东北地区	0	0	华南地区	1	100
华北地区	0	0	西南地区	0	0
华东地区	0	0	西北地区	0	0
华中地区	0	0	合计	1	100

八、非法采伐、毁坏国家重点保护植物罪

表 0-95　全国非法采伐、毁坏国家重点保护植物罪判决年度统计表

年份	案件数量（件）	占比（%）
2011	9	0.59
2012	14	0.92
2013	75	4.91
2014	586	38.35
2015	335	21.92
2016	509	33.31
合计	1528	100

注：部分统计年份数据可能存在误差。

表 0-96　全国非法采伐、毁坏国家重点保护植物罪判决分省份统计表

省份	案件数量（件）	占比（%）	省份	案件数量（件）	占比（%）
黑龙江	122	6.78	广西	113	6.28
吉林	287	15.95	海南	29	1.61
辽宁	13	0.72	河南	24	1.33
北京	0	0	湖北	29	1.61
天津	0	0	湖南	129	7.17
河北	1	0.06	重庆	13	0.72
山西	11	0.61	四川	205	11.40
内蒙古	1	0.06	云南	98	5.45
山东	0	0	贵州	158	8.78
江苏	0	0	西藏	0	0.00
上海	0	0	陕西	23	1.28
浙江	44	2.45	宁夏	0	0
安徽	15	0.83	青海	0	0
江西	280	15.56	甘肃	12	0.67
福建	127	7.06	新疆	0	0
广东	65	3.61	合计	1799	100

表 0-97　全国非法采伐、毁坏国家重点保护植物罪判决分区域统计表

大区	案件数量（件）	占比（%）	大区	案件数量（件）	占比（%）
东北地区	422	23.46	华中地区	182	10.12
华北地区	13	0.72	西南地区	474	26.35
华东地区	466	25.90	西北地区	35	1.95
华南地区	207	11.51	合计	1799	100

九、盗伐林木罪

表 0-98　全国盗伐林木罪判决分省份统计表

省份	案件数量（件）	占比（%）	省份	案件数量（件）	占比（%）
北京	8	0.19	湖南	136	3.20
天津	5	0.12	广东	133	3.13
河北	105	2.47	广西	411	9.68
山西	29	0.68	海南	77	1.81
内蒙古	53	1.25	四川	208	4.90
辽宁	164	3.86	贵州	204	4.80
吉林	459	10.81	云南	326	7.68
黑龙江	342	8.05	陕西	146	3.44
江苏	40	0.94	甘肃	77	1.81
浙江	174	4.10	青海	1	0.02
安徽	114	2.68	新疆	10	0.24
福建	379	8.92	重庆	38	0.89
江西	236	5.56	宁夏	8	0.19
河南	173	4.07	西藏	8	0.19
山东	50	1.18	合计	4247	100
湖北	133	3.13			

表0-99 全国盗伐林木罪缓刑适用情况统计表

是否判处缓刑	人数（人）	占比（%）
是	3447	56.87
否	2274	37.52
未载明	340	5.61
合计	6061	100

表0-100 全国盗伐林木罪罚金刑适用情况统计表

罚金区间（万元）	人数（人）	占比（%）
0—0.3	1610	39.35
0.3—0.5	980	23.96
0.5—0.8	372	9.09
0.8—1	479	11.71
1—2	394	9.63
2—3	111	2.71
3—5	77	1.88
5—10	58	1.42
10以上	10	0.24
合计	4091	100

表0-101 全国盗伐林木罪盗伐数额统计表（立方米）

单位（立方米）	案件数量（件）	占比（%）
5以下	1471	40.52
5—10	1061	29.23
10—15	448	12.34
15—20	236	6.50
20—30	101	2.78
30—40	106	2.92
40—50	44	1.21
50—100	103	2.84
100—200	39	1.07
200以上	21	0.58
合计	3630	100

注：判决书中盗伐林木的数额单位有立方米与株两种。

表 0-102　全国盗伐林木罪盗伐数额统计表（株）

单位（株）	案件数量（件）	占比（%）
200 以下	16	21.05
200—1000	42	55.26
1000—2000	12	15.79
2000—3000	1	1.32
3000—4000	2	2.63
4000—5000	2	2.63
5000—10000	1	1.32
合计	76	100

注：判决书中盗伐林木的数额单位有立方米与株两种。

表 0-103　全国盗伐林木罪被告人性别统计表

被告人性别	人数（人）	占比（%）
男	5325	80.38
女	127	1.92
未载明	1173	17.71
合计	6625	100

表 0-104　全国盗伐林木罪被告人聘请辩护人情况统计表

是否聘请辩护人	人数（人）	占比（%）
是	533	8.05
否	4847	73.16
未载明	1245	18.79
合计	6625	100

表 0-105　全国盗伐林木罪犯罪主体类别统计表

犯罪主体	人数（人）	占比（%）
自然人	2712	40.94
法人	0	0
未载明	3913	59.06
合计	6625	100

表 0-106　全国盗伐林木罪适用审判程序统计表

适用审判程序	人数（人）	占比（%）
简易程序	3051	46.05
普通程序	1176	17.75
未载明	2398	36.20
合计	6625	100

表 0-107　全国盗伐林木罪被告人年龄区间统计表

年龄区间	人数（人）	占比（%）	年龄区间	人数（人）	占比（%）
18 岁以下	0	0	45—50 岁	671	10.13
18—25 岁	157	2.37	50—60 岁	645	9.74
25—30 岁	253	3.82	60—70 岁	172	2.60
30—35 岁	417	6.29	70 岁以上	49	0.74
35—40 岁	552	8.33	未载明	3007	45.39
40—45 岁	702	10.60	合计	6625	100

表 0-108　全国盗伐林木罪被告人文化程度统计表

文化程度	人数（人）	占比（%）
文盲	1354	20.44
小学文化	1499	22.63
初中文化	1325	20.00
高中文化	119	1.80
中专文化	35	0.53
大专文化	13	0.20
本科文化	2	0.03
未载明	2278	34.38
合计	6625	100

表 0-109　全国盗伐林木罪被告人职业统计表

职业	人数（人）	占比（%）
农民	3305	49.89
个体	40	0.60
务工	74	1.12
其他	408	6.16
未载明	2798	42.23
合计	6625	100

表 0-110　全国盗伐林木罪被告人聘请辩护人情况统计表

是否聘请辩护人	人数（人）	占比（%）
是	532	8.03
否	6093	91.97
合计	6625	100

表 0-111　全国盗伐林木罪共同犯罪情况统计表

是否共同犯罪	案件数量（件）	占比（%）
是	1896	28.62
否	4729	71.38
合计	6625	100

表 0-112　全国盗伐林木罪被告人前科情况统计表

是否有前科	人数（人）	占比（%）
是	20	0.30
否	6605	99.70
合计	6625	100

表 0-113　全国盗伐林木罪被告人自首情况统计表

是否自首	人数（人）	占比（%）
是	2752	41.54
否	3873	58.46
合计	6625	100

表 0-114　全盗伐林木罪被告人立功情况统计表

是否立功	人数（人）	占比（%）
是	60	0.91
否	6565	99.09
合计	6625	100

十、滥伐林木罪

表 0-115　全国滥伐林木罪判决分省份统计表

省份	案件数量（件）	占比（%）	省份	案件数量（件）	占比（%）
黑龙江	171	1.14	广西	3184	21.26
吉林	297	1.98	海南	218	1.46
辽宁	429	2.86	河南	1523	10.17
北京	28	0.19	湖北	778	5.20
天津	44	0.29	湖南	730	4.87
河北	412	2.75	重庆	309	2.06
山西	69	0.46	四川	562	3.75
内蒙古	278	1.86	云南	846	5.65
山东	457	3.05	贵州	1460	9.75
江苏	148	0.99	西藏	0	0
上海	0	0	陕西	212	1.42
浙江	331	2.21	宁夏	32	0.21
安徽	712	4.75	青海	1	0.01
江西	409	2.73	甘肃	100	0.67
福建	508	3.39	新疆	21	0.14
广东	706	4.71	合计	14975	100

表 0-116　全国滥伐林木罪判决分区域统计表

大区	案件数量（件）	占比（%）	大区	案件数量（件）	占比（%）
东北地区	897	5.99	华中地区	3031	20.24
华北地区	831	5.55	西南地区	3177	21.22
华东地区	2565	17.13	西北地区	366	2.44
华南地区	4108	27.43	合计	14975	100

十一、非法收购、运输盗伐、滥伐林木罪

表 0-117　全国非法收购、运输盗伐、滥伐林木罪判决分省份统计表

省份	案件数量（件）	占比（%）	省份	案件数量（件）	占比（%）
黑龙江	3	1.18	广西	39	15.35
吉林	3	1.18	海南	3	1.18
辽宁	3	1.18	河南	21	8.27
北京	0	0	湖北	13	5.12
天津	0	0	湖南	11	4.33
河北	3	1.18	重庆	10	3.94
山西	1	0.39	四川	11	4.33
内蒙古	2	0.79	云南	17	6.69
山东	0	0	贵州	10	3.94
江苏	0	0	西藏	12	4.72
上海	0	0	陕西	3	1.18
浙江	6	2.36	宁夏	0	0
安徽	16	6.30	青海	0	0
江西	9	3.54	甘肃	7	2.76
福建	37	14.57	新疆	0	0
广东	14	5.51	合计	254	100

表 0-118　全国非法收购、运输盗伐、滥伐林木罪判决分区域统计表

大区	案件数量（件）	占比（%）	大区	案件数量（件）	占比（%）
东北地区	9	3.54	华中地区	45	17.72
华北地区	6	2.36	西南地区	60	23.62
华东地区	68	26.77	西北地区	10	3.94
华南地区	56	22.05	合计	254	100

第二部分 部分省份典型环境资源犯罪数据统计

一、污染环境罪

(一) 广东省

表 0-119 广东省环境污染犯罪判决年度统计表

年份	案件数量（件）	占比（%）
2013	1	0.51
2014	36	18.27
2015	60	30.46
2016	100	50.76
合计	197	100

表 0-120 广东省环境污染犯罪判决分地区统计表

地区	案件数量（件）	占比（%）	地区	案件数量（件）	占比（%）
潮州	6	3.05	普宁	3	1.52
东莞	14	7.11	汕头	14	7.11
佛山	54	27.41	汕尾	3	1.52
高要	1	0.51	韶关	5	2.54
广州	14	7.11	深圳	5	2.54
惠州	17	8.63	台山	2	1.02
江门	15	7.61	云浮	1	0.51
揭阳	36	18.27	肇庆	1	0.51
开平	2	1.02	中山	2	1.02
茂名	2	1.02	合计	197	100

表 0-121　广东省环境污染犯罪适用审判程序统计表

适用审判程序	案件数量（件）	占比（%）
普通程序	83	42.13
简易程序	114	57.87
合计	197	100

表 0-122　广东省环境污染犯罪主体类别统计表

犯罪主体	人数（人）	占比（%）
自然人	357	97.54
法人	9	2.46
合计	366	100

表 0-123　广东省环境污染犯罪被告人年龄区间统计表

年龄区间	人数（人）	占比（%）	年龄区间	人数（人）	占比（%）
18岁以下	0	0	45—50岁	72	20.17
18—25岁	3	0.84	50—60岁	86	24.09
25—30岁	14	3.92	60—70岁	26	7.28
30—35岁	33	9.24	70岁以上	1	0.28
35—40岁	36	10.08	未载明	38	10.64
40—45岁	48	13.45	合计	357	100

表 0-124　广东省环境污染犯罪被告人性别统计表

性别	人数（人）	占比（%）
男	220	61.62
女	16	4.48
未载明	121	33.89
合计	357	100

表 0-125 广东省环境污染犯罪被告人文化程度统计表

文化程度	人数（人）	占比（%）
文盲	8	2.24
小学文化	61	17.09
初中文化	113	31.65
高中文化	18	5.04
中专文化	1	0.28
大专文化	5	1.40
本科文化	3	0.84
未载明	148	41.46
合计	357	100

表 0-126 广东省环境污染犯罪后果情况统计表

后果情况	案件数量（件）	占比（%）
严重污染环境	197	100
后果特别严重	0	0
合计	197	100

表 0-127 广东省环境污染犯罪入罪方式统计表

入罪方式	案件数量（件）	占比（%）
重金属超标 3 倍以上	160	81.22
危险废物 3 吨以上	36	18.27
其他类型	1	0.51
合计	197	100

表 0-128 广东省环境污染犯罪刑种适用情况统计表

刑种	人数（人）	占比（%）
单处罚金及无处罚	9	2.52
拘役	46	12.89
有期徒刑并处罚金	302	84.59
有期徒刑无罚金	0	0
合计	357	100

表 0-129　广东省环境污染犯罪有期徒刑适用情况统计表

刑期区间	人数（人）	占比（%）	刑期区间	人数（人）	占比（%）
半年以下	1	0.33	一年半到二年	17	5.63
半年到一年	203	67.22	二年到二年半	5	1.66
一年到一年半	76	25.17	合计	302	100

表 0-130　广东省环境污染犯罪缓刑适用情况统计表

是否判处缓刑	人数（人）	占比（%）
是	124	34.73
否	233	65.27
合计	357	100

（二）河北省

表 0-131　河北省环境污染犯罪判决年度统计表

年份	案件数量（件）	占比（%）
2012	0	0
2013	19	5.04
2014	120	31.83
2015	124	32.89
2016	114	30.24
合计	377	100

表 0-132　河北省环境污染犯罪判决分地区统计表

地区	案件数量（件）	占比（%）	地区	案件数量（件）	占比（%）
保定	73	19.36	秦皇岛	5	1.33
沧州	60	15.92	石家庄	55	14.59
承德	5	1.33	唐山	20	5.31
邯郸	28	7.43	邢台	27	7.16
衡水	52	13.79	张家口	3	0.80
廊坊	49	13.00	合计	377	100

表 0-133 河北省环境污染犯罪主体类别统计表

犯罪主体	数量（件/人）	占比（%）
自然人	609	99.67
法人	2	0.33
合计	611	100

表 0-134 河北省环境污染犯罪被告人年龄区间统计表

年龄区间	人数（人）	占比（%）	年龄区间	人数（人）	占比（%）
18 岁以下	0	0	45—50 岁	38	6.24
18—25 岁	1	0.16	50—60 岁	31	5.09
25—30 岁	17	2.79	60—70 岁	9	1.48
30—35 岁	22	3.61	70 岁以上	1	0.16
35—40 岁	23	3.78	未载明	437	71.76
40—45 岁	30	4.93	合计	609	100

表 0-135 河北省环境污染犯罪被告人文化程度统计表

文化程度	人数（人）	占比（%）
文盲	4	0.66
小学文化	49	8.05
初中文化	134	22.00
高中文化	8	1.31
中专文化	0	0
大专文化	1	0.16
本科文化	0	0
未载明	413	67.82
合计	609	100

表 0-136 河北省环境污染犯罪后果情况统计表

后果情况	案件数量（件）	占比（%）
严重污染环境	377	100
后果特别严重	0	0
合计	377	100

表 0-137 河北省环境污染犯罪入罪方式统计表

入罪方式	案件数量（件）	占比（%）
非法处置危险废物三吨以上	110	29.18
重金属超标3倍以上	233	61.80
其他	34	9.02
合计	377	100

表 0-138 河北省重金属环境污染犯罪重金属种类统计表

重金属种类	案件数量（件）	占比（%）	重金属种类	案件数量（件）	占比（%）
总铬	87	37.34	镉	2	0.86
六价铬	69	29.61	汞	5	2.15
总锌	130	55.79	苯	0	0
总铜	19	8.15	铁	1	0.43
总镍	21	9.01	锰	0	0
铅	6	2.58	银	0	0

注1：在233件以重金属超标入罪的环境污染刑事案件中统计各种重金属的占比，有的案件中有多种重金属超标。

注2：苯、铁不属于重金属物质，但在一些个案中存在载明这两种物质超标的记录，统计时亦将其列入了统计范围。

表 0-139 河北省环境污染犯罪刑种适用情况统计表

刑种	人数（人）	占比（%）
单处罚金及无处罚	26	4.27
拘役	88	14.45
有期徒刑并处罚金	495	81.28
有期徒刑无罚金	0	0
合计	609	100

表 0-140 河北省环境污染犯罪有期徒刑适用情况统计表

刑期区间	人数（人）	占比（%）	刑期区间	人数（人）	占比（%）
半年以下	1	0.20	二年半到三年	6	1.21
半年到一年	260	52.53	三年到五年	2	0.40
一年到一年半	153	30.91	五年以上	0	0
一年半到二年	45	9.09	合计	495	100
二年到二年半	28	5.66			

表 0-141 河北省环境污染犯罪缓刑适用情况统计表

是否判处缓刑	人数（人）	占比（%）
是	51	8.75
否	532	91.25
合计	583	100

表 0-142 河北省环境污染犯罪罚金刑适用情况统计表

罚金区间（万元）	案件数量（件）	占比（%）	罚金区间（万元）	案件数量（件）	占比（%）
0—1	203	33.33	15—20	5	0.82
1—2	182	29.89	20—30	6	0.99
2—3	116	19.05	30—40	0	0
3—4	58	9.52	40—50	0	0
4—5	11	1.81	50—100	0	0
5—6	16	2.63	100—200	0	0
6—7	3	0.49	200—300	1	0.16
7—8	1	0.16	500以上	0	0
8—9	2	0.33	未处罚金	4	0.66
9—10	0	0	合计	609	100
10—15	1	0.16			

（三）江苏省

表0-143　江苏省环境污染犯罪判决年度统计表

年份	案件数量（件）	占比（%）
2013	5	3.68
2014	32	23.53
2015	43	31.62
2016	56	41.18
合计	136	100

表0-144　江苏省环境污染犯罪判决分地区统计表

地区	案件数量（件）	占比（%）	地区	案件数量（件）	占比（%）
常州	15	11.03	无锡	7	5.15
淮安	3	2.21	宿迁	25	18.38
连云港	11	8.09	徐州	24	17.65
南京	2	1.47	盐城	5	3.68
南通	9	6.62	扬州	8	5.88
苏州	15	11.03	镇江	5	3.68
泰州	7	5.15	合计	136	100

表0-145　江苏省环境污染犯罪适用审判程序统计表

适用审判程序	案件数量（件）	占比（%）
简易程序	57	41.91
普通程序	79	58.09
合计	136	100

表0-146　江苏省环境污染犯罪主体类别统计表

犯罪主体	案件数量（件）	占比（%）
自然人	234	91.41
法人	22	8.59
合计	256	100

注：法人犯罪与自然人犯罪并不冲突。

表 0-147 江苏省环境污染犯罪被告人年龄区间统计表

年龄区间	人数（人）	占比（%）	年龄区间	人数（人）	占比（%）
18 岁以下	0	0	45—50 岁	18	7.69
18—25 岁	1	0.43	50—60 岁	18	7.69
25—30 岁	5	2.14	60—70 岁	8	3.42
30—35 岁	10	4.27	70 岁以上	1	0.43
35—40 岁	14	5.98	未载明	141	60.26
40—45 岁	18	7.69	合计	234	100

表 0-148 江苏省环境污染犯罪被告人性别统计表

性别	人数（人）	占比（%）
男	57	24.36
女	6	2.56
未载明	171	73.08
合计	234	100

表 0-149 江苏省环境污染犯罪被告人文化程度统计表

文化程度	人数（人）	占比（%）
文盲	3	1.28
小学文化	10	4.27
初中文化	23	9.83
高中文化	4	1.71
中专文化	0	0
大专文化	0	0
本科文化	0	0
未载明	194	82.91
合计	234	100

表 0-150 江苏省环境污染犯罪后果情况统计表

后果情况	案件数量（件）	占比（%）
严重污染环境	135	99.26
后果特别严重	1	0.74
合计	136	100

表 0-151　江苏省环境污染犯罪入罪方式统计表

入罪方式	案件数量（件）	占比（%）
重金属超标 3 倍以上	49	36.03
危险废物 3 吨以上	83	61.03
其他类型	4	2.94
合计	136	100

表 0-152　江苏省环境污染犯罪刑种适用情况统计表

刑种	人数（人）	占比（%）
单处罚金及无处罚	4	1.71
拘役	24	10.26
有期徒刑并处罚金	206	88.03
有期徒刑无罚金	0	0
合计	234	100

表 0-153　江苏省环境污染犯罪有期徒刑适用情况统计表

刑期区间	人数（人）	占比（%）	刑期区间	人数（人）	占比（%）
半年以下	1	0.49	两年半到三年	6	2.91
半年到一年	73	35.44	三年到四年	5	2.43
一年到一年半	80	38.83	四年到五年	1	0.49
一年半到二年	27	13.11	合计	206	100
二年到二年半	13	6.31			

表 0-154　江苏省环境污染犯罪缓刑适用情况统计表

是否判处缓刑	人数（人）	占比（%）
是	142	60.68
否	92	39.32
合计	234	100

表 0-155　江苏省环境污染犯罪罚金刑适用情况统计表

罚金区间（万元）	人数（人）	占比（%）	罚金区间（万元）	人数（人）	占比（%）
0—1	71	27.95	9—10	0	0
1—2	53	20.87	10—15	11	4.33
2—3	46	18.11	15—20	1	0.39
3—4	20	7.87	20—30	7	2.76
4—5	9	3.54	30—40	4	1.57
5—6	16	6.30	40—50	1	0.39
6—7	1	0.39	50—100	4	1.57
7—8	4	1.57	100 以上	2	0.79
8—9	4	1.57	合计	254	100

注：254 为自然人犯罪数与单位犯罪数之和。

（四）山东省

表 0-156　山东省环境污染犯罪判决年度统计表

年份	案件数量（件）	占比（%）
2012	0	0
2013	4	1.59
2014	54	21.43
2015	74	29.37
2016	120	47.62
合计	252	100

表 0-157　山东省环境污染犯罪判决分地区统计表

地区	案件数量（件）	占比（%）	地区	案件数量（件）	占比（%）
滨州	14	5.56	日照	23	9.13
德州	26	10.32	泰安	25	9.92
东营	5	1.98	威海	2	0.79
菏泽	4	1.59	潍坊	32	12.70
济南	6	2.38	烟台	11	4.37
济宁	12	4.76	枣庄	6	2.38
聊城	8	3.17	淄博	39	15.48
临沂	21	8.33	合计	252	100
青岛	18	7.14			

表 0-158 山东省环境污染犯罪主体类别统计表

犯罪主体	人数（人）	占比（%）
自然人	498	98.81
法人	6	1.19
合计	504	100

表 0-159 山东省环境污染犯罪被告人年龄区间统计表

年龄区间	人数（人）	占比（%）	年龄区间	人数（人）	占比（%）
18 岁以下	0	0	45—50 岁	30	6.02
18—25 岁	1	0.20	50—60 岁	29	5.82
25—30 岁	6	1.20	60—70 岁	5	1.00
30—35 岁	12	2.41	70 岁以上	1	0.20
35—40 岁	24	4.82	未载明	361	72.49
40—45 岁	29	5.82	合计	498	100

表 0-160 山东省环境污染犯罪被告人文化程度统计表

文化程度	人数（人）	占比（%）
文盲	1	0.20
小学文化	23	4.62
初中文化	76	15.26
高中文化	10	2.01
中专文化	8	1.61
大专文化	2	0.40
本科文化	4	0.80
未载明	374	75.10
合计	498	100

表 0-161 山东省环境污染犯罪入罪方式统计表

入罪方式	案件数量（件）	占比（%）
非法处置危险废物三吨以上	102	40.48
重金属超标 3 倍以上	76	30.16
其他方式	74	29.37
合计	252	100

附录
中国环境刑事司法样态统计数据集成

表 0-162 山东省重金属环境污染犯罪重金属种类统计表

重金属种类	案件数量（件）	占比（%）	重金属种类	案件数量（件）	占比（%）
总铬	31	40.79	镉	0	0
六价铬	12	15.79	汞	1	1.32
总锌	27	35.53	苯	3	3.95
总铜	13	17.11	铁	0	0
总镍	13	17.11	锰	0	0
铅	1	1.32	银	0	0

注1：在76件以重金属超标入罪的环境污染刑事案件中统计各种重金属的占比，有的案件中有多种重金属超标。

注2：苯、铁不属于重金属物质，但在一些个案中存在载明这两种物质超标的记录，统计时亦将其列入了统计范围。

表 0-163 山东省环境污染犯罪刑种适用情况统计表

刑种	人数（人）	占比（%）
单处罚金及无处罚	26	5.22
拘役	46	9.24
有期徒刑并处罚金	426	85.54
有期徒刑无罚金	0	0
合计	498	100

表 0-164 山东省环境污染犯罪有期徒刑适用情况统计表

刑期区间	人数（人）	占比（%）	刑期区间	人数（人）	占比（%）
半年以下	0	0	二年半到三年	11	2.58
半年到一年	152	35.68	三年到五年	6	1.41
一年到一年半	152	35.68	五年以上	7	1.64
一年半到二年	57	13.38	合计	426	100
二年到二年半	41	9.62			

表 0-165 山东省环境污染犯罪缓刑适用情况统计表

是否判处缓刑	人数（人）	占比（%）
是	332	70.34
否	140	29.66
合计	472	100

表 0-166 山东省环境污染犯罪罚金刑适用情况统计表

罚金区间（万元）	人数（人）	占比（%）	罚金区间（万元）	人数（人）	占比（%）
0—1	51	10.24	15—20	0	0
1—2	133	26.71	20—30	8	1.61
2—3	107	21.49	30—40	2	0.40
3—4	65	13.05	40—50	0	0
4—5	21	4.22	50—100	4	0.80
5—6	55	11.04	100—200	3	0.60
6—7	12	2.41	200—300	1	0.20
7—8	5	1.00	500 以上	0	0
8—9	6	1.20	未处罚金	3	0.60
9—10	4	0.80	合计	498	100
10—15	18	3.61			

（五）浙江省

表 0-167 浙江省污染环境罪判决年度统计表

年份	案件数量（件）	占比（%）
2012	1	0.11
2013	17	1.87
2014	395	43.36
2015	288	31.61
2016	210	23.05
合计	911	100

表 0-168 浙江省污染环境罪判决分地区统计表

地区	案件数量（件）	占比（%）	地区	案件数量（件）	占比（%）
慈溪	1	0.11	衢州	9	0.99
杭州	28	3.07	绍兴	40	4.39
湖州	43	4.72	台州	146	16.03
嘉兴	81	8.89	温州	304	33.37
金华	123	13.50	舟山	2	0.22
丽水	21	2.31	合计	911	100
宁波	113	12.40			

表 0-169 浙江省环境污染犯罪主体类别统计表

犯罪主体	数量（件/人）	占比（%）
自然人	1836	95.97
法人	77	4.03
合计	1913	100

表 0-170 浙江省环境污染犯罪被告人年龄区间统计表

年龄区间	人数（人）	占比（%）	年龄区间	人数（人）	占比（%）
18岁以下	0	0	45—50岁	40	2.18
18—25岁	5	0.27	50—60岁	49	2.67
25—30岁	5	0.27	60—70岁	14	0.76
30—35岁	13	0.71	70岁以上	0	0
35—40岁	21	1.14	未载明	1661	90.47
40—45岁	28	1.53	合计	1836	100

表 0-171 浙江省环境污染犯罪被告人文化程度统计表

文化程度	人数（人）	占比（%）
文盲	17	0.93
小学文化	57	3.10
初中文化	84	4.58
高中文化	23	1.25
中专文化	0	0
大专文化	6	0.33
本科文化	2	0.11
未载明	1647	89.71
合计	1836	100

表 0-172 浙江省环境污染犯罪单位犯罪所属行业统计表

行业	案件数量（件）	占比（%）
石油化工	5	6.49
加工制造	45	58.44

(续表)

行业	案件数量（件）	占比（%）
建筑建材	1	1.30
电子电工	2	2.60
能源医药	1	1.30
未载明	23	29.87
合计	77	100

表 0-173　浙江省环境污染犯罪后果情况统计表

后果情况	案件数量（件）	占比（%）
严重污染环境	909	99.78
后果特别严重	2	0.22
合计	911	100

表 0-174　浙江省环境污染犯罪入罪方式统计表

入罪方式	案件数量（件）	占比（%）
非法处置危险废物三吨以上	78	8.56
重金属超标3倍以上	801	87.93
其他方式	32	3.51
合计	911	100

表 0-175　浙江省重金属环境污染犯罪重金属种类统计表

重金属种类	案件数量（件）	占比（%）	重金属种类	案件数量（件）	占比（%）
总铬	211	23.16	镉	9	0.99
六价铬	149	16.36	汞	3	0.33
总锌	333	36.55	苯	3	0.33
总铜	289	31.72	铁	6	0.66
总镍	242	26.56	锰	2	0.22
铅	32	3.51	银	1	0.11

注1：在911件以重金属超标入罪的环境污染刑事案件中统计各种重金属的占比，有的案件中有多种重金属超标。

注2：苯、铁不属于重金属物质，但在一些个案中存在载明这两种物质超标的记录，统计时亦将其列入了统计范围。

表 0-176　浙江省环境污染犯罪刑种适用情况统计表

刑种	人数（人）	占比（％）
单处罚金及无处罚	14	0.76
拘役	285	15.52
有期徒刑并处罚金	1535	83.61
有期徒刑无罚金	2	0.11
合计	1836	100

表 0-177　浙江省环境污染犯罪有期徒刑适用情况统计表

刑期区间	人数（人）	占比（％）	刑期区间	人数（人）	占比（％）
半年以下	12	0.78	二年半到三年	6	0.39
半年到一年	990	64.41	三年到五年	9	0.59
一年到一年半	391	25.44	五年以上	0	0
一年半到二年	106	6.90	合计	1537	100
二年到二年半	23	1.50			

二、非法狩猎罪

（一）安徽省

表 0-178　安徽省非法狩猎罪判决年度统计表

年份	案件数量（件）	占比（％）
2014	14	21.54
2015	11	16.92
2016	40	61.54
合计	65	100

表 0-179　安徽省非法狩猎罪适用审判程序统计表

适用审判程序	案件数量（件）	占比（％）
简易程序	48	73.85
普通程序	17	26.15
合计	65	100

表 0-180　安徽省非法狩猎罪被告人年龄区间统计表

年龄区间	人数（人）	占比（%）	年龄区间	人数（人）	占比（%）
30 岁及以下	3	3.13	51—60 岁	11	11.46
31—35 岁	13	13.54	61—70 岁	3	3.13
36—40 岁	6	6.25	71 岁及以上	1	1.04
41—45 岁	10	10.42	未载明	31	32.29
46—50 岁	19	19.79	合计	96	100

表 0-181　安徽省非法狩猎罪被告人文化程度统计表

文化程度	人数（人）	占比（%）
文盲	3	3.13
小学文化	11	11.46
初中文化	8	8.33
未载明	74	77.08
合计	96	100

表 0-182　安徽省非法狩猎罪被告人职业统计表

职业	人数（人）	占比（%）
进城务工人员	7	7.29
个体户	1	1.04
无业	3	3.13
农民（包括粮农、牧民）	70	72.92
未载明	15	15.63
合计	96	100

表 0-183　安徽省非法狩猎罪被告人聘请辩护人情况统计表

是否聘请辩护人	人数（人）	占比（%）
是	8	8.33
否	88	91.67
合计	96	100

表 0-184　安徽省非法狩猎罪被告人性别比例统计表

性别	人数（人）	占比（%）
男	80	83.33
女	3	3.13
未载明	13	13.54
合计	96	100

表 0-185　安徽省非法狩猎罪入罪的野生动物种类统计表

野生动物种类	案件数量（件）	占比（%）
野生蛙类	14	21.54
画眉鸟	4	6.15
鸠鸽科鸟类	6	9.23
野生蛇类	2	3.08
黑水鸡	3	4.62
猪獾	2	3.08
中华蟾蜍	7	10.77
野猪	13	20.00
其他野生动物	17	26.15

注：在65件以非法狩猎罪入罪的案件中统计各野生动物种类的占比，有的案件中涉及多种类别野生动物。

表 0-186　安徽省非法狩猎罪共同犯罪情况统计表

是否共同犯罪	案件数量（件）	占比（%）
是	18	27.69
否	47	73.31
合计	65	100

表 0-187　安徽省非法狩猎罪被告人前科情况统计表

是否有前科	人数（人）	占比（%）
是	3	3.13
否	93	96.88
合计	96	100

表 0-188　安徽省非法狩猎罪被告人自首情况统计表

是否自首	人数（人）	占比（%）
是	23	23.96
否	73	76.04
合计	96	100

表 0-189　安徽省非法狩猎罪被告人立功情况统计表

是否立功	人数（人）	占比（%）
是	0	0
否	96	100
合计	96	100

表 0-190　安徽省非法狩猎罪刑种适用情况统计表

刑种	人数（人）	占比（%）
单处罚金及无处罚	26	27.08
管制	1	1.04
拘役	22	22.92
有期徒刑并处罚金	0	0
有期徒刑无罚金	47	48.96
合计	96	100

表 0-191　安徽省非法狩猎罪有期徒刑适用情况统计表

刑期区间	人数（人）	占比（%）
半年以下	0	0
半年到一年	29	61.70
一年到一年半	16	34.04
一年半及以上	2	4.26
合计	47	100

表 0-192　安徽省非法狩猎罪缓刑适用情况统计表

是否判处缓刑	人数（人）	占比（%）
是	57	82.61
否	12	17.39
合计	69	100

表0-193 安徽省非法狩猎罪罚金刑适用情况统计表

罚金区间（万元）	人数（人）	占比（%）
0.2以下	2	7.69
0.2—0.3	5	19.23
0.3—0.4	4	15.38
0.4—0.5	6	23.08
0.5—1	5	19.23
1以上	4	15.38
合计	26	100

（二）河南省

表0-194 河南省非法狩猎罪判决年度统计表

年份	案件数量（件）	占比（%）
2013	13	5.78
2014	70	31.11
2015	47	20.89
2016	95	42.22
合计	225	100

表0-195 河南省非法狩猎罪适用审判程序统计表

适用审判程序	案件数量（件）	占比（%）
简易程序	154	68.44
普通程序	71	31.56
合计	225	100

表0-196 河南省非法狩猎罪被告人年龄区间统计表

年龄区间	人数（人）	占比（%）	年龄区间	人数（人）	占比（%）
18岁以下	0	0	46—50岁	37	10.60
18—25岁	9	2.58	51—60岁	60	17.19
26—30岁	23	6.59	61—70岁	26	7.45
31—35岁	26	7.45	71岁及以上	2	0.57
36—40岁	34	9.74	未载明	84	24.07
41—45岁	48	13.75	合计	349	100

表 0-197　河南省非法狩猎罪被告人文化程度统计表

文化程度	人数（人）	占比（%）
文盲	32	9.17
小学文化	46	13.18
初中文化	48	13.75
中专文化	2	0.57
高中文化	4	1.15
大专文化	1	0.29
未载明	216	61.89
合计	349	100

表 0-198　河南省非法狩猎罪被告人职业统计表

职业	人数（人）	占比（%）
工人	7	2.01
无业	4	1.15
农民（包括粮农、牧民）	215	61.60
未载明	123	35.24
合计	349	100

表 0-199　河南省非法狩猎罪被告人聘请辩护人情况统计表

是否聘请辩护人	人数（人）	占比（%）
是	9	2.58
否	340	97.42
合计	349	100

表 0-200　河南省非法狩猎罪被告人性别统计表

性别	人数（人）	占比（%）
男	308	88.25
女	19	5.44
未载明	22	6.30
合计	349	100

表 0-201　河南省非法狩猎罪入罪的野生动物种类统计表

野生动物种类	案件数量（件）	占比（%）	野生动物种类	案件数量（件）	占比（%）
麻雀	34	15.11	野猪	14	6.22
野兔	33	14.67	环颈雉	5	2.22
野生蛙类	24	10.67	猪獾	3	1.33
鸠鸽科鸟类	20	8.89	鹌鹑	3	1.33
中华蟾蜍	17	7.56	黑水鸡	3	1.33
无蹼壁虎	16	7.11	其他野生动物	27	12.00

注：在225件以非法狩猎罪入罪的案件中统计各野生动物种类的占比，有的案件中涉及多种类别野生动物。

表 0-202　河南省非法狩猎罪共同犯罪情况统计表

是否共同犯罪	案件数量（件）	占比（%）
是	83	36.89
否	142	63.11
合计	225	100

表 0-203　河南省非法狩猎罪被告人前科情况统计表

是否有前科	人数（人）	占比（%）
是	15	4.30
否	334	95.70
合计	349	100

表 0-204　河南省非法狩猎罪被告人自首情况统计表

是否自首	人数（人）	占比（%）
是	78	22.35
否	271	77.65
合计	349	100

表 0-205　河南省非法狩猎罪被告人立功情况统计表

是否立功	人数（人）	占比（%）
是	0	0
否	349	100
合计	349	100

表 0-206　河南省非法狩猎罪刑种适用情况统计表

刑种	人数（人）	占比（%）
单处罚金及无处罚	221	63.32
管制	14	4.01
拘役	70	20.06
有期徒刑并处罚金	3	0.86
有期徒刑无罚金	41	11.75
合计	349	100

表 0-207　河南省非法狩猎罪有期徒刑适用情况统计表

刑期区间	人数（人）	占比（%）
半年以下	0	0
半年到一年	30	68.18
一年到一年半	14	31.82
合计	44	100

表 0-208　河南省非法狩猎罪缓刑适用情况统计表

是否判处缓刑	人数（人）	占比（%）
是	77	67.54
否	37	32.46
合计	114	100

(三) 江苏省

表 0-209 江苏省非法狩猎罪判决年度统计表

年份	案件数量（件）	占比（%）
2014	33	8.07
2015	178	43.52
2016	198	48.41
合计	409	100

表 0-210 江苏省非法狩猎罪适用审判程序统计表

适用审判程序	案件数量（件）	占比（%）
简易程序	350	85.57
普通程序	59	14.43
合计	409	100

表 0-211 江苏省非法狩猎罪被告人年龄区间统计表

年龄区间	人数（人）	占比（%）	年龄区间	人数（人）	占比（%）
18岁以下	0	0	46—50岁	29	4.98
18—25岁	4	0.69	51—60岁	32	5.50
26—30岁	9	1.55	61—70岁	11	1.89
31—35岁	8	1.37	71岁及以上	1	0.17
36—40岁	13	2.23	未载明	460	79.04
41—45岁	15	2.58	合计	582	100

表 0-212 江苏省非法狩猎罪被告人文化程度统计表

文化程度	人数（人）	占比（%）
文盲	13	2.23
小学文化	48	8.25
初中文化	38	6.53
高中文化	4	0.69
大专文化	2	0.34
本科文化	2	0.34
硕士文化	1	0.17
未载明	474	81.44
合计	582	100

表 0-213　江苏省非法狩猎罪被告人职业统计表

职业	人数（人）	占比（%）
公司职工	8	1.37
政府工作人员	1	0.17
城市务工人员	23	3.95
个体经营户	25	4.30
教师	1	0.17
无业	49	8.42
农民（包括粮农、牧民）	323	55.50
未载明	152	26.12
合计	582	100

表 0-214　江苏省非法狩猎罪被告人聘请辩护人情况统计表

是否聘请辩护人	人数（人）	占比（%）
是	11	1.89
否	571	98.11
合计	582	100

表 0-215　江苏省非法狩猎罪被告人性别统计表

性别	人数（人）	占比（%）
男	222	38.14
女	31	5.33
未载明	329	56.53
合计	582	100

表 0-216 江苏省非法狩猎罪入罪的野生动物种类统计表

野生动物种类	案件数量（件）	占比（%）	野生动物种类	案件数量（件）	占比（%）
野生蛙类	227	55.50	野兔	6	1.47
黑水鸡	33	8.07	黄鼬	6	1.47
鸠鸽科鸟类	24	5.87	八哥	3	0.73
中华蟾蜍	20	4.89	白头鹎	3	0.73
麻雀	15	3.67	野生蛇类	3	0.73
环颈雉	8	1.95	刺猬	2	0.49
黑头蜡嘴雀	7	1.71	其他野生动物	46	11.22
鹳形目鹭科鸟类	7	1.71			

注：在 409 件以非法狩猎罪入罪的案件中统计各野生动物种类的占比，有的案件中涉及多种类别野生动物。

表 0-217 江苏省非法狩猎罪共同犯罪情况统计表

是否共同犯罪	案件数量（件）	占比（%）
是	112	27.38
否	297	72.62
合计	409	100

表 0-218 江苏省非法狩猎罪被告人前科情况统计表

是否有前科	人数（人）	占比（%）
是	34	5.84
否	548	94.16
合计	582	100

表 0-219 江苏省非法狩猎罪被告人自首情况统计表

是否自首	人数（人）	占比（%）
是	61	10.48
否	521	89.52
合计	582	100

表 0-220　江苏省非法狩猎罪被告人立功情况统计表

是否立功	人数（人）	占比（％）
是	7	1.20
否	575	98.80
合计	582	100

表 0-221　江苏省非法狩猎罪刑种适用情况统计表

刑种	人数（人）	占比（％）
单处罚金及无处罚	362	62.20
管制	44	7.56
拘役	148	25.43
有期徒刑并处罚金	0	0
有期徒刑无罚金	28	4.81
合计	582	100

表 0-222　江苏省非法狩猎罪有期徒刑适用情况统计表

刑期区间	人数（人）	占比（％）
半年以下	2	7.14
半年到一年	25	89.29
一年到一年半	1	3.57
合计	28	100

表 0-223　江苏省非法狩猎罪缓刑适用情况统计表

是否判处缓刑	人数（人）	占比（％）
是	49	27.53
否	129	72.47
合计	178	100

表 0-224　江苏省非法狩猎罪罚金刑适用情况统计表

罚金区间（万元）	人数（人）	占比（%）
0.2 以下	94	26.04
0.2—0.3	96	26.59
0.3—0.4	92	25.48
0.4—0.5	41	11.36
0.5—1	35	9.70
1 以上	3	0.83
合计	361	100

（四）辽宁省

表 0-225　辽宁省非法狩猎罪判决年度统计表

年份	案件数量（件）	占比（%）
2013	1	1.19
2014	49	58.33
2015	14	16.67
2016	20	23.81
合计	84	100

表 0-226　辽宁省非法狩猎罪适用审判程序统计表

适用审判程序	案件数量（件）	占比（%）
简易程序	40	47.62
普通程序	44	52.38
合计	84	100

表 0-227　辽宁省非法狩猎罪被告人年龄区间统计表

年龄区间	人数（人）	占比（%）	年龄区间	人数（人）	占比（%）
30 岁以下	0	0	51—60 岁	9	7.83
30—35 岁	2	1.74	61—70 岁	6	5.22
36—40 岁	1	0.87	71 岁及以上	0	0
41—45 岁	3	2.61	未载明	86	74.78
46—50 岁	8	6.96	合计	115	100

表 0-228　辽宁省非法狩猎罪被告人文化程度统计表

文化程度	人数（人）	占比（%）
文盲	2	1.74
小学文化	26	22.61
初中文化	25	21.74
中专文化	2	1.74
高中文化	5	4.35
大专文化	1	0.87
未载明	54	46.96
合计	115	100

表 0-229　辽宁省非法狩猎罪被告人职业统计表

职业	人数（人）	占比（%）
工人	1	0.87
无业	18	15.65
农民（包括粮农、牧民）	33	28.70
退休职工	3	2.61
未载明	60	52.17
合计	115	100

表 0-230　辽宁省非法狩猎罪被告人聘请辩护人情况统计表

是否聘请辩护人	人数（人）	占比（%）
是	5	4.35
否	110	95.65
合计	115	100

表 0-231　辽宁省非法狩猎罪被告人性别统计表

性别	人数（人）	占比（%）
男	77	66.96
女	5	4.35
未载明	33	28.70
合计	115	100

表0-232 辽宁省非法狩猎罪入罪的野生动物种类统计表

野生动物种类	案件数量（件）	占比（%）
麻雀	9	10.71
环颈雉	10	11.90
鹌鹑	4	4.76
野生蛇类	2	2.38
野生蛙类	3	3.57
其他野生动物	53	63.10

注：在84件以非法狩猎罪入罪的案件中统计各野生动物种类的占比，有的案件中涉及多种类别野生动物。

表0-233 辽宁省非法狩猎罪共同犯罪情况统计表

是否共同犯罪	案件数量（件）	占比（%）
是	23	27.38
否	61	72.62
合计	84	100

表0-234 辽宁省非法狩猎罪被告人前科情况统计表

是否有前科	人数（人）	占比（%）
是	107	93.04
否	8	6.96
合计	115	100

表0-235 辽宁省非法狩猎罪被告人自首情况统计表

是否自首	人数（人）	占比（%）
是	13	11.30
否	102	88.70
合计	115	100

表0-236 辽宁省非法狩猎罪被告人立功情况统计表

是否立功	人数（人）	占比（%）
是	1	0.87
否	114	99.13
合计	115	100

表 0-237　辽宁省非法狩猎罪刑种适用情况统计表

刑种	人数（人）	占比（%）
单处罚金及无处罚	72	62.61
管制	6	5.22
拘役	16	13.91
有期徒刑并处罚金	1	0.87
有期徒刑无罚金	20	17.39
合计	115	100

表 0-238　辽宁省非法狩猎罪有期徒刑适用情况统计表

刑期区间	人数（人）	占比（%）
半年以下	0	0
半年到一年	14	66.67
一年到一年半	4	19.05
一年半及以上	3	14.29
合计	21	100

表 0-239　辽宁省非法狩猎罪缓刑适用情况统计表

是否判处缓刑	人数（人）	占比（%）
是	19	52.78
否	17	47.22
合计	36	100

表 0-240　辽宁省非法狩猎罪罚金刑适用情况统计表

罚金区间（万元）	人数（人）	占比（%）
0.2 以下	6	8.45
0.2—0.3	3	4.23
0.3—0.4	1	1.41
0.4—0.5	2	2.82
0.5—1	36	50.70
1 以上	23	32.39
合计	71	100

(五)浙江省

表 0-241 浙江省非法狩猎罪判决年度统计表

年份	案件数量（件）	占比（%）
2005	1	0.76
2007	1	0.76
2009	2	1.53
2010	5	3.82
2011	2	1.53
2012	6	4.58
2013	14	10.69
2014	13	9.92
2015	30	22.90
2016	57	43.51
合计	131	100

表 0-242 浙江省非法狩猎罪适用审判程序统计表

适用审判程序	案件数量（件）	占比（%）
简易程序	119	90.84
普通程序	12	9.16
合计	131	100

表 0-243 浙江省非法狩猎罪被告人年龄区间统计表

年龄区间	人数（人）	占比（%）	年龄区间	人数（人）	占比（%）
18岁以下	0	0	46—50岁	6	2.84
18—25岁	3	1.42	51—60岁	3	1.42
26—30岁	5	2.37	61—70岁	1	0.47
31—35岁	8	3.79	71岁及以上	1	0.47
36—40岁	3	1.42	未载明	179	84.83
41—45岁	2	0.95	合计	211	100

表 0-244　浙江省非法狩猎罪被告人文化程度统计表

文化程度	人数（人）	占比（%）
文盲	3	1.42
小学文化	18	8.53
初中文化	11	5.21
中专文化	1	0.47
高中文化	1	0.47
未载明	177	83.89
合计	211	100

表 0-245　浙江省非法狩猎罪被告人职业统计表

职业	人数（人）	占比（%）
进城务工人员	16	7.58
个体户	6	2.84
无业	7	3.32
农民（包括粮农、牧民）	88	41.71
企业职工	4	1.90
未载明	90	42.65
合计	211	100

表 0-246　浙江省非法狩猎罪被告人聘请辩护人情况统计表

是否聘请辩护人	人数（人）	占比（%）
是	9	4.27
否	202	95.73
合计	211	100

表 0-247　浙江省非法狩猎罪被告人性别统计表

性别	人数（人）	占比（%）
男	53	25.12
女	1	0.47
未载明	157	74.41
合计	211	100

表 0-248　浙江省非法狩猎罪入罪的野生动物种类统计表

野生动物种类	案件数量（件）	占比（%）
麻雀	16	12.21
鸠鸽科鸟类	10	7.63
野生蛙类	20	15.27
野生蛇类	11	8.40
画眉鸟	38	29.01
野猪	2	1.53
其他野生动物	46	35.11

注：在131件以非法狩猎罪入罪的案件中统计各野生动物种类的占比，有的案件中涉及多种类别野生动物。

表 0-249　浙江省非法狩猎罪共同犯罪情况统计表

是否共同犯罪	案件数量（件）	占比（%）
是	62	47.33
否	69	52.67
合计	131	100

表 0-250　浙江省非法狩猎罪被告人前科情况统计表

是否有前科	人数（人）	占比（%）
是	21	9.95
否	190	90.05
合计	211	100

表 0-251　浙江省非法狩猎罪被告人自首情况统计表

是否自首	人数（人）	占比（%）
是	16	7.58
否	195	92.42
合计	211	100

表 0-252　浙江省非法狩猎罪被告人立功情况统计表

是否立功	人数（人）	占比（%）
是	1	0.47
否	210	99.53
合计	211	100

表 0-253　浙江省非法狩猎罪刑种适用情况统计表

刑种	人数（人）	占比（%）
单处罚金及无处罚	109	51.66
管制	4	1.90
拘役	68	32.23
有期徒刑并处罚金	1	0.47
有期徒刑无罚金	29	13.74
合计	211	100

表 0-254　浙江省非法狩猎罪有期徒刑适用情况统计表

刑期区间	人数（人）	占比（%）
半年以下	0	0
半年到一年	18	60.00
一年到一年半	9	30.00
一年半及以上	3	10.00
合计	30	100

表 0-255　浙江省非法狩猎罪缓刑适用情况统计表

是否判处缓刑	人数（人）	占比（%）
是	63	64.29
否	35	35.71
合计	98	100

表 0-256 浙江省非法狩猎罪罚金刑适用情况统计表

罚金区间（万元）	人数（人）	占比（%）
0.2 以下	34	30.91
0.2—0.3	41	37.27
0.3—0.4	22	20.00
0.4—0.5	4	3.64
0.5—1	6	5.45
1 以上	3	2.73
合计	110	100

三、非法采矿罪

（一）福建省

表 0-257 福建省非法采矿罪年度统计表

年份	案件数量（件）	占比（%）
2011	0	0
2012	0	0
2013	1	1.03
2014	32	32.99
2015	27	27.84
2016	37	38.14
合计	97	100

表 0-258 福建省非法采矿罪犯罪主体类别统计表

犯罪主体	案件数量（件）	占比（%）
自然人	97	100
法人	0	0
合计	97	100

表 0-259 福建省非法采矿罪适用审判程序统计表

适用审判程序	案件数量（件）	占比（%）
简易程序	18	18.56
普通程序	79	81.44
合计	97	100

表 0-260 福建省非法采矿罪被告人年龄区间统计表

年龄区间	人数（人）	占比（%）	年龄区间	人数（人）	占比（%）
18 岁以下	0	0	45—50 岁	39	18.40
18—25 岁	3	1.42	50—60 岁	41	19.34
25—30 岁	7	3.30	60—70 岁	9	4.25
30—35 岁	10	4.72	70 岁以上	2	0.94
35—40 岁	22	10.38	未载明	37	17.45
40—45 岁	42	19.81	合计	212	100

表 0-261 福建省非法采矿罪被告人文化程度统计表

文化程度	人数（人）	占比（%）
文盲	3	1.42
小学文化	67	31.60
初中文化	99	46.70
高中文化	8	3.77
中专文化	3	1.42
大专文化	4	1.89
本科文化	1	0.47
未载明	27	12.74
合计	212	100

表 0-262 福建省非法采矿罪职业统计表

职业	人数（人）	占比（%）
法人代表	0	0
公司职员	11	5.19
石雕工	0	0
农民	119	56.13
无业	23	10.85
个体	9	4.25
船上工作人员	6	2.83
政府工作人员	1	0.47
医院院长	0	0

(续表)

职业	人数（人）	占比（%）
煤矿总工程师	0	0
学生	0	0
教师	0	0
司机	1	0.47
未载明	42	19.81
合计	212	100

表0-263 福建省非法采矿罪被告人聘请辩护人情况统计表

是否聘请辩护人	人数（人）	占比（%）
是	99	46.70
否	113	53.30
合计	212	100

表0-264 福建省非法采矿罪被告人性别统计表

性别	人数（人）	占比（%）
男	193	91.04
女	17	8.02
未载明	2	0.94
合计	212	100

表0-265 福建省非法采矿罪后果情况统计表

后果情况	案件数量（件）	占比（%）
情节严重	39	40.21
情节特别严重	34	35.05
未载明	24	24.74
合计	97	100

表0-266 福建省非法采矿罪的矿石类型统计表

矿石类型	案件数量（件）	占比（%）
砂矿	41	42.27
煤矿	12	12.37

(续表)

矿石类型	案件数量（件）	占比（%）
有色金属矿	2	2.06
黑色金属矿	3	3.09
贵金属矿	0	0
稀土矿	17	17.53
其他	22	22.68
合计	97	100

表0-267 福建省非法采矿罪共同犯罪情况统计表

是否共同犯罪	案件数量（件）	占比（%）
是	62	63.92
否	35	36.08
合计	97	100

表0-268 福建省非法采矿罪被告人前科情况统计表

是否有前科	人数（人）	占比（%）
否	194	91.51
是	18	8.49
合计	212	100

表0-269 福建省非法采矿罪被告人自首情况统计表

是否自首	人数（人）	占比（%）
是	119	56.13
否	93	43.87
合计	212	100

表0-270 福建省非法采矿罪被告人立功情况统计表

是否立功	人数（人）	占比（%）
是	10	4.72
否	202	95.28
合计	212	100

表 0-271　福建省非法采矿罪犯罪形式统计表

犯罪形式	案件数量（件）	占比（%）
逾期开采	1	1.03
越界开采	0	0
无证开采	96	98.97
合计	97	100

表 0-272　福建省非法采矿罪刑种适用情况统计表

刑种	人数（人）	占比（%）
免予刑事处罚	0	0
单处罚金	3	1.42
管制并处罚金	2	0.94
拘役并处罚金	13	6.13
有期徒刑并处罚金	194	91.51
合计	212	100

表 0-273　福建省非法采矿罪有期徒刑适用情况统计表

刑期区间	人数（人）	占比（%）	刑期区间	人数（人）	占比（%）
半年以下	0	0	二年半到三年	19	8.96
半年到一年	87	41.04	三年到五年	51	24.06
一年到一年半	16	7.55	五年以上	1	0.47
一年半到二年	16	7.55	合计	212	100
二年到二年半	22	10.38			

表 0-274　福建省非法采矿罪缓刑适用情况统计表

是否判处缓刑	人数（人）	占比（%）
是	111	52.36
否	101	47.64
合计	212	100

表 0-275 福建省非法采矿罪罚金刑适用情况统计表

罚金区间（万元）	人数（人）	占比（%）	罚金区间（万元）	人数（人）	占比（%）
0—1	21	9.91	15—20	13	6.13
1—2	29	13.68	20—30	15	7.08
2—3	32	15.09	30—40	4	1.89
3—4	36	16.98	40—50	2	0.94
4—5	11	5.19	50—100	1	0.47
5—6	7	3.30	100—200	0	0
6—7	8	3.77	200—300	0	0
7—8	4	1.89	300 以上	0	0
8—9	4	1.89	未处罚金	0	0
9—10	3	1.42	合计	212	100
10—15	22	10.38			

（二）广东省

表 0-276 广东省非法采矿罪年度统计表

年份	案件数量（件）	占比（%）
2011	0	0
2012	0	0
2013	3	2.36
2014	62	48.82
2015	28	22.05
2016	34	26.77
合计	127	100

表 0-277 广东省非法采矿罪犯罪主体类别统计表

犯罪主体	案件数量（件）	占比（%）
自然人	127	100
法人	0	0
合计	127	100

表 0-278 广东省非法采矿罪适用审判程序统计表

适用审判程序	案件数量（件）	占比（%）
简易程序	28	22.05
普通程序	99	77.95
合计	127	100

表 0-279 广东省非法采矿罪被告人年龄区间统计表

年龄区间	人数（人）	占比（%）	年龄区间	人数（人）	占比（%）
18 岁以下	0	0	45—50 岁	22	7.83
18—25 岁	10	3.56	50—60 岁	27	9.61
25—30 岁	9	3.20	60—70 岁	2	0.71
30—35 岁	19	6.76	70 岁以上	0	0
35—40 岁	18	6.41	未载明	151	53.74
40—45 岁	23	8.19	合计	281	100

表 0-280 广东省非法采矿罪被告人文化程度统计表

文化程度	人数（人）	占比（%）
文盲	0	0
小学文化	59	21.30
初中文化	128	46.21
高中文化	28	10.11
中专文化	6	2.17
大专文化	9	3.25
本科文化	1	0.36
未载明	46	16.61
合计	277	100

注：与表 0-279 存在数据差异，具体原因尚需分析。

表 0-281 广东省非法采矿罪职业统计表

职业	人数（人）	占比（%）
法人代表	2	0.72
公司职员	30	10.83
石雕工	0	0

(续表)

职业	人数（人）	占比（%）
农民	79	28.52
无业	40	14.44
个体	17	6.14
船上工作人员	3	1.08
政府工作人员	0	0
医院院长	0	0
煤矿总工程师	0	0
学生	1	0.36
教师	0	0
司机	2	0.72
未载明	103	37.18
合计	277	100

表 0-282　广东省非法采矿罪被告人聘请辩护人情况统计表

是否聘请辩护人	人数（人）	占比（%）
是	99	35.74
否	178	64.26
合计	277	100

表 0-283　广东省非法采矿罪被告人性别统计表

性别	人数（人）	占比（%）
男	257	92.78
女	2	0.72
未载明	18	6.50
合计	277	100

表 0-284　广东省非法采矿罪后果情况统计表

后果情况	案件数量（件）	占比（%）
情节严重	48	37.80
情节特别严重	70	55.12
未载明	9	7.09
合计	127	100

表 0-285　广东省非法采矿罪的矿石类型统计表

矿石类型	案件数量（件）	占比（%）
砂矿	45	35.43
煤矿	2	1.57
有色金属矿	3	2.36
黑色金属矿	1	0.79
贵金属矿	2	1.57
稀土矿	36	28.35
其他	38	29.92
合计	127	100

表 0-286　广东省非法采矿罪共同犯罪情况统计表

是否共同犯罪	案件数量（件）	占比（%）
是	102	80.31
否	25	19.69
合计	127	100

表 0-287　广东省非法采矿罪被告人前科情况统计表

是否有前科	人数（人）	占比（%）
是	17	6.14
否	260	93.86
合计	277	100

表 0-288　广东省非法采矿罪被告人自首情况统计表

是否自首	人数（人）	占比（%）
是	68	24.55
否	209	75.45
合计	277	100

表 0-289　广东省非法采矿罪被告人立功情况统计表

是否立功	人数（人）	占比（%）
是	3	1.08
否	274	98.92
合计	277	100

表 0-290　广东省非法采矿罪犯罪形式统计表

犯罪形式	案件数量（件）	占比（%）
逾期开采	1	0.79
越界开采	2	1.57
无证开采	124	97.64
合计	127	100

表 0-291　广东省非法采矿罪刑种适用情况统计表

刑种	人数（人）	占比（%）
免予刑事处罚	0	0
单处罚金	1	0.36
管制并处罚金	1	0.36
拘役并处罚金	6	2.17
有期徒刑并处罚金	269	97.11
合计	277	100

表 0-292　广东省非法采矿罪有期徒刑适用情况统计表

刑期区间	人数（人）	占比（%）	刑期区间	人数（人）	占比（%）
半年以下	4	1.44	二年半到三年	6	2.17
半年到一年	69	24.91	三年到五年	58	20.94
一年到一年半	77	27.80	五年以上	5	1.81
一年半到二年	33	11.91	合计	277	100
二年到二年半	25	9.03			

表 0-293　广东省非法采矿罪缓刑适用情况统计表

是否判处缓刑	人数（人）	占比（%）
是	128	46.21
否	149	53.79
合计	277	100

表 0-294　广东省非法采矿罪罚金刑适用情况统计表

罚金区间（万元）	人数（人）	占比（%）	罚金区间（万元）	人数（人）	占比（%）
0—1	100	36.10	15—20	4	1.44
1—2	35	12.64	20—30	10	3.61
2—3	29	10.47	30—40	5	1.81
3—4	24	8.66	40—50	0	0
4—5	12	4.33	50—100	0	0
5—6	15	5.42	100—200	2	0.72
6—7	8	2.89	200—300	0	0
7—8	2	0.72	300 以上	0	0
8—9	5	1.81	未处罚金	0	0
9—10	0	0	合计	277	100
10—15	26	9.39			

（三）河南省

表 0-295　河南省非法采矿罪年度统计表

年份	案件数量（件）	占比（%）
2011	0	0
2012	4	5.41
2013	2	2.70
2014	26	35.14
2015	18	24.32
2016	24	32.43
合计	74	100

表 0-296　河南省非法采矿罪犯罪主体类别统计表

犯罪主体	案件数量（件）	占比（%）
自然人	74	100
法人	0	0
合计	74	100

表 0-297　河南省非法采矿罪适用审判程序统计表

适用审判程序	案件数量（件）	占比（%）
简易程序	13	17.57
普通程序	61	82.43
合计	74	100

表 0-298　河南省非法采矿罪被告人年龄区间统计表

年龄区间	人数（人）	占比（%）	年龄区间	人数（人）	占比（%）
18 岁以下	0	0	45—50 岁	17	16.04
18—25 岁	1	0.94	50—60 岁	24	22.64
25—30 岁	5	4.72	60—70 岁	4	3.77
30—35 岁	7	6.60	70 岁以上	0	0
35—40 岁	15	14.15	未载明	8	7.55
40—45 岁	25	23.58	合计	106	100

表 0-299　河南省非法采矿罪被告人文化程度统计表

文化程度	人数（人）	占比（%）
文盲	1	0.94
小学文化	6	5.66
初中文化	18	16.98
高中文化	2	1.89
中专文化	0	0
大专文化	0	0
本科文化	1	0.94
未载明	78	73.58
合计	106	100

表 0-300 河南省非法采矿罪职业统计表

职业	人数（人）	占比（%）
法人代表	0	0
公司职员	0	0
石雕工	0	0
农民	42	39.62
无业	4	3.77
个体	6	5.66
船上工作人员	0	0
政府工作人员	0	0
医院院长	0	0
煤矿总工程师	0	0
学生	0	0
教师	0	0
司机	1	0.94
未载明	53	50.00
合计	106	100

表 0-301 河南省非法采矿罪被告人聘请辩护人情况统计表

是否聘请辩护人	人数（人）	占比（%）
是	27	25.47
否	79	74.53
合计	106	100

表 0-302 河南省非法采矿罪被告人性别统计表

性别	人数（人）	占比（%）
男	99	93.40
女	4	3.77
未载明	3	2.83
合计	106	100

表 0-303　河南省非法采矿罪后果情况统计表

后果情况	案件数量（件）	占比（%）
情节严重	46	62.16
情节特别严重	22	29.73
未载明	6	8.11
合计	74	100

表 0-304　河南省非法采矿罪的矿石类型统计表

矿石类型	案件数量（件）	占比（%）
砂矿	46	62.16
煤矿	3	4.05
有色金属矿	7	9.46
黑色金属矿	0	0
贵金属矿	0	0
稀土矿	0	0
其他	18	24.32
合计	74	100

表 0-305　河南省非法采矿罪共同犯罪情况统计表

是否共同犯罪	案件数量（件）	占比（%）
是	32	43.24
否	42	56.76
合计	74	100

表 0-306　河南省非法采矿罪被告人前科情况统计表

是否有前科	人数（人）	占比（%）
否	97	91.51
是	9	8.49
合计	106	100

表 0-307　河南省非法采矿罪被告人自首情况统计表

是否自首	人数（人）	占比（%）
是	50	47.17
否	56	52.83
合计	106	100

表 0-308　河南省非法采矿罪被告人立功情况统计表

是否立功	人数（人）	占比（%）
是	1	0.94
否	105	99.06
合计	106	100

表 0-309　河南省非法采矿罪犯罪形式统计表

犯罪形式	案件数量（件）	占比（%）
逾期开采	1	1.35
越界开采	5	6.76
无证开采	68	91.89
合计	74	100

表 0-310　河南省非法采矿罪刑种适用情况统计表

刑种	人数（人）	占比（%）
免予刑事处罚	0	0
单处罚金	11	10.38
管制并处罚金	4	3.77
拘役并处罚金	19	17.92
有期徒刑并处罚金	72	67.92
合计	106	100

表 0-311　河南省非法采矿罪有期徒刑适用情况统计表

刑期区间	人数（人）	占比（%）	刑期区间	人数（人）	占比（%）
半年以下	0	0	二年半到三年	12	11.32
半年到一年	54	50.94	三年到五年	22	20.75
一年到一年半	14	13.21	五年以上	0	0
一年半到二年	4	3.77	合计	106	100
二年到二年半	0	0			

表 0-312　河南省非法采矿罪缓刑适用情况统计表

是否判处缓刑	人数（人）	占比（%）
是	66	62.26
否	40	37.74
合计	106	100

表 0-313　河南省非法采矿罪罚金刑适用情况统计表

罚金区间（万元）	人数（人）	占比（%）	罚金区间（万元）	人数（人）	占比（%）
0—1	13	12.26	15—20	0	0
1—2	28	26.42	20—30	0	0
2—3	19	17.92	30—40	0	0
3—4	13	12.26	40—50	0	0
4—5	2	1.89	50—100	0	0
5—6	7	6.60	100—200	0	0
6—7	2	1.89	200—300	1	0.94
7—8	2	1.89	300 以上	0	0
8—9	2	1.89	未处罚金	0	0
9—10	2	1.89	合计	106	100
10—15	15	14.15			

(四)辽宁省

表 0-314　辽宁省非法采矿罪年度统计表

年份	案件数量(件)	占比(%)
2011	0	0
2012	0	0
2013	4	5.33
2014	28	37.33
2015	19	25.33
2016	24	32.00
合计	75	100

表 0-315　辽宁省非法采矿罪犯罪主体类别统计表

犯罪主体	案件数量(件)	占比(%)
自然人	73	97.33
法人	2	2.67
合计	75	100

表 0-316　辽宁省非法采矿罪适用审判程序统计表

适用审判程序	案件数量(件)	占比(%)
简易程序	13	17.33
普通程序	62	82.67
合计	75	100

表 0-317　辽宁省非法采矿罪被告人年龄区间统计表

年龄区间	人数(人)	占比(%)	年龄区间	人数(人)	占比(%)
18岁以下	0	0	45—50岁	10	7.87
18—25岁	2	1.57	50—60岁	11	8.66
25—30岁	6	4.72	60—70岁	1	0.79
30—35岁	5	3.94	70岁以上	0	0
35—40岁	13	10.24	未载明	68	53.54
40—45岁	11	8.66	合计	127	100

表 0-318 辽宁省非法采矿罪被告人文化程度统计表

文化程度	人数（人）	占比（%）
文盲	0	0
小学文化	9	7.09
初中文化	53	41.73
高中文化	3	2.36
中专文化	0	0
大专文化	0	0
本科文化	0	0
未载明	62	48.82
合计	127	100

表 0-319 辽宁省非法采矿罪职业统计表

职业	人数（人）	占比（%）
法人代表	0	0
公司职员	2	1.57
石雕工	0	0
农民	20	15.75
无业	37	29.13
个体	3	2.36
船上工作人员	0	0
政府工作人员	1	0.79
医院院长	0	0
煤矿总工程师	0	0
学生	0	0
教师	0	0
司机	1	0.79
未载明	63	49.61
合计	127	100

表 0-320　辽宁省非法采矿罪被告人聘请辩护人情况统计表

是否聘请辩护人	人数（人）	占比（%）
是	46	36.22
否	81	63.78
合计	127	100

表 0-321　辽宁省非法采矿罪被告人性别统计表

性别	人数（人）	占比（%）
男	101	79.53
女	9	7.09
未载明	17	13.39
合计	127	100

表 0-322　辽宁省非法采矿罪后果情况统计表

后果情况	案件数量（件）	占比（%）
情节严重	39	52
情节特别严重	26	34.67
未载明	10	13.33
合计	75	100

表 0-323　辽宁省非法采矿罪的矿石类型统计表

矿石类型	案件数量（件）	占比（%）
砂矿	43	57.33
煤矿	4	5.33
有色金属矿	1	1.33
黑色金属矿	12	16
贵金属矿	0	0
稀土矿	0	0
其他	15	20
合计	75	100

表 0-324　辽宁省非法采矿罪共同犯罪情况统计表

是否共同犯罪	案件数量（件）	占比（%）
是	41	54.67
否	34	45.33
合计	75	100

表 0-325　辽宁省非法采矿罪被告人前科情况统计表

是否有前科	人数（人）	占比（%）
否	105	82.68
是	22	17.32
合计	127	100

表 0-326　辽宁省非法采矿罪被告人自首情况统计表

是否自首	人数（人）	占比（%）
是	39	30.71
否	88	69.29
合计	127	100

表 0-327　辽宁省非法采矿罪被告人立功情况统计表

是否立功	人数（人）	占比（%）
是	1	0.79
否	126	99.21
合计	127	100

表 0-328　辽宁省非法采矿罪犯罪形式统计表

犯罪形式	案件数量（件）	占比（%）
逾期开采	1	1.33
越界开采	3	4
无证开采	71	94.67
合计	75	100

表 0-329　辽宁省非法采矿罪刑种适用情况统计表

刑种	人数（人）	占比（%）
免予刑事处罚	1	0.79
单处罚金	5	3.94
管制并处罚金	2	1.57
拘役并处罚金	2	1.57
有期徒刑并处罚金	117	92.13
合计	127	100

表 0-330　辽宁省非法采矿罪有期徒刑适用情况统计表

刑期区间	人数（人）	占比（%）	刑期区间	人数（人）	占比（%）
半年以下	0	0	二年半到三年	10	7.87
半年到一年	45	35.43	三年到五年	43	33.86
一年到一年半	17	13.39	五年以上	0	0
一年半到二年	12	9.45	合计	127	100
二年到二年半	0	0			

表 0-331　辽宁省非法采矿罪缓刑适用情况统计表

是否判处缓刑	人数（人）	占比（%）
是	80	62.99
否	47	37.01
合计	127	100

表 0-332　辽宁省非法采矿罪罚金刑适用情况统计表

罚金区间（万元）	人数（人）	占比（%）	罚金区间（万元）	人数（人）	占比（%）
0—1	2	1.57	15—20	7	5.51
1—2	3	2.36	20—30	7	5.51
2—3	17	13.39	30—40	6	4.72
3—4	7	5.51	40—50	1	0.79
4—5	6	4.72	50—100	2	1.57
5—6	33	25.98	100—200	3	2.36
6—7	7	5.51	200—300	3	2.36
7—8	2	1.57	300 以上	2	1.57
8—9	4	3.15	未处罚金	1	0.79
9—10	0	0	合计	127	100
10—15	14	11.02			

（五）浙江省

表 0-333　浙江省非法采矿罪年度统计表

年份	案件数量（件）	占比（%）
2011	0	0
2012	10	7.25
2013	11	7.97
2014	32	23.19
2015	42	30.43
2016	43	31.16
合计	138	100

表 0-334　浙江省非法采矿罪犯罪主体类别统计表

犯罪主体	人数（人）	占比（%）
自然人	319	98.46
法人	5	1.54
合计	324	100

表 0-335　浙江省非法采矿罪适用审判程序统计表

适用审判程序	案件数量（件）	占比（%）
简易程序	92	66.67
普通程序	46	33.33
合计	138	100

表 0-336　浙江省非法采矿罪被告人年龄区间统计表

年龄区间	人数（人）	占比（%）	年龄区间	人数（人）	占比（%）
18岁以下	0	0	45—50岁	14	4.32
18—25岁	1	0.31	50—60岁	9	2.78
25—30岁	2	0.62	60—70岁	1	0.31
30—35岁	4	1.23	70岁以上	0	0
35—40岁	5	1.54	未载明	276	85.19
40—45岁	12	3.70	合计	324	100

表 0-337 浙江省非法采矿罪被告人文化程度统计表

文化程度	人数（人）	占比（%）
文盲	3	0.93
小学文化	23	7.10
初中文化	23	7.10
高中文化	10	3.09
中专文化	0	0
大专文化	1	0.31
本科文化	0	0
未载明	264	81.48
合计	324	100

表 0-338 浙江省非法采矿罪职业统计表

职业	人数（人）	占比（%）
法人代表	1	0.31
公司职员	16	4.94
石雕工	1	0.31
农民	122	37.65
无业	7	2.16
个体	19	5.86
船上工作人员	3	0.93
政府工作人员	2	0.62
医院院长	0	0
煤矿总工程师	0	0
学生	0	0
教师	0	0
司机	2	0.62
未载明	151	46.60
合计	324	100

表 0-339 浙江省非法采矿罪被告人聘请辩护人情况统计表

是否聘请辩护人	人数（人）	占比（%）
是	171	52.78
否	153	47.22
合计	324	100

表 0-340 浙江省非法采矿罪被告人性别统计表

性别	人数（人）	占比（%）
男	55	16.98
女	1	0.31
未载明	268	82.72
合计	324	100

表 0-341 浙江省非法采矿罪后果情况统计表

后果情况	案件数量（件）	占比（%）
情节严重	89	64.49
情节特别严重	45	32.61
未载明	4	2.90
合计	138	100

表 0-342 浙江省非法采矿罪的矿石类型统计表

矿石类型	案件数量（件）	占比（%）
砂矿	59	42.75
煤矿	5	3.62
有色金属矿	0	0
黑色金属矿	0	0
贵金属矿	0	0
稀土矿	0	0
其他	74	53.62
合计	138	100

表 0-343 浙江省非法采矿罪共同犯罪情况统计表

是否共同犯罪	案件数量（件）	占比（%）
是	101	73.19
否	37	26.81
合计	138	100

表 0-344 浙江省非法采矿罪被告人前科情况统计表

是否有前科	人数（人）	占比（%）
否	269	83.02
是	55	16.98
合计	324	100

表 0-345 浙江省非法采矿罪被告人自首情况统计表

是否自首	人数（人）	占比（%）
是	119	36.73
否	205	63.27
合计	324	100

表 0-346 浙江省非法采矿罪被告人立功情况统计表

是否立功	人数（人）	占比（%）
是	7	2.16
否	317	97.84
合计	324	100

表 0-347 浙江省非法采矿罪犯罪形式统计表

犯罪形式	案件数量（件）	占比（%）
逾期开采	4	2.90
越界开采	2	1.45
无证开采	132	95.65
合计	138	100

表 0-348 浙江省非法采矿罪刑种适用情况统计表

刑种	人数（人）	占比（%）
免予刑事处罚	3	0.93
单处罚金	7	2.16
管制并处罚金	1	0.31
拘役并处罚金	20	6.17
有期徒刑并处罚金	293	90.43
合计	324	100

表 0-349　浙江省非法采矿罪有期徒刑适用情况统计表

刑期区间	人数（人）	占比（%）	刑期区间	人数（人）	占比（%）
半年以下	0	0	二年到二年半	25	7.72
半年到一年	114	35.19	二年半到三年	17	5.25
一年到一年半	69	21.30	三年到五年	59	18.21
一年半到二年	39	12.04	五年以上	1	0.31
			合计	324	100

表 0-350　浙江省非法采矿罪缓刑适用情况统计表

是否判处缓刑	人数（人）	占比（%）
是	130	40.12
否	194	59.88
合计	324	100

表 0-351　浙江省非法采矿罪罚金刑适用情况统计表

罚金区间（万元）	人数（人）	占比（%）	罚金区间（万元）	人数（人）	占比（%）
0—1	39	12.04	15—20	13	4.01
1—2	31	9.57	20—30	17	5.25
2—3	59	18.21	30—40	3	0.93
3—4	36	11.11	40—50	0	0
4—5	24	7.41	50—100	3	0.93
5—6	28	8.64	100—200	2	0.62
6—7	9	2.78	200—300	1	0.31
7—8	4	1.23	300 以上	1	0.31
8—9	18	5.56	未处罚金	3	0.93
9—10	1	0.31	合计	324	100
10—15	32	9.88			

后　记

有勇气、有兴致写后记，也许表明自己还有学术情怀。

2012年，我的第一本专著《刑法生态法益论》出版。当年7月，在成都到都江堰的汽车上，我把这本书送给著名环境法学者曹明德教授。曹教授从书皮直接翻到书末，认真阅读后记。尔后对坐在旁边的崔金星博士说，只有对自己的作品充满情感的人才会认真写后记，所以他读书总是先读后记，尔后才看书的其他内容。

曹老师之言给我留下了深刻印象。在后来的十年里，我写作了大量文字，却没有一篇后记。电脑里存储了四五本书稿，但因种种原因，十年之内无专著出版。当然，这其中也与高校的考核标准有关：一度以来，高水平论文才是学者的主要竞技项目，专著难以快速征服同行，人们对它的热情也就不是很大了。

这本书的内容是我2013—2016年期间发表的诸多论文之集萃。2013年我获得国家社科基金青年项目"基于统计分析的我国环境保护刑事司法效能及其优化研究"的立项。这个项目在我的学术生涯里具有重要意义。我对其爱恨交加：我过去十多年的青春，因为这个项目作为火把而点燃了；我近乎狂热地追求这个领域的研究，统计形成了几十万个数据，书写各类文字上百万，固执地、不厌其烦地一次次地向国家司法机关、生态环境保护机关报送自己的数据与研究。

除了全国哲社办，我要特别感谢国家生态环境部生态环境执法局。他们以对国家生态环境高度负责的态度,发现了我的研究的价值,帮助和支持了我的研究。我本是为了完成前述的国家社科基金青年项目而进行的统计研究仅是一个火把,但添柴者众,我亦不能停兮。

我的国家社科基金青年项目在 2018 年完成了结项。但这个火把燃起了熊熊的学术烈火:2017 年,我在《中国社会科学》发表了《生态文明保障的刑法机制》一文,这是国内在顶尖级学术期刊上首次发表的环境刑法研究成果;2019 年,我获批国家社科基金重大项目、重点项目各一项,均与环境污染犯罪的治理有关,成为国内环境刑法领域研究项目层次最高、项目在研最密集的研究者之一。

与我目前所从事的研究相比,本书中的研究主题、数据分析的精细度,甚至数据形成都比较粗糙。书到现在才出版,数据也有些滞后了。但我仍然觉得应该将其出版:这些文字、数据、想法、判断,有那个时期我的模样,也有那个时候付出的心血与汗水,以及寻找光芒的眼睛。

过去的十多年我走在人生的山路上。我从来不相信人生有什么坦途。我 36 岁担任"985"大学教授、博导,在 40 岁之前触碰到了文科研究的大部分天花板。当然,我付出了极大代价:脑力枯竭、心力交瘁、体力空乏。如果不是强大的自我拯救的意志力以及亲友师长的关爱与支持,也许我已牺牲在学术自我内卷和场域内卷的涡流里。如今,热爱生活,并准备将生活理念作为长期以来追求的生态法益之后的另一重要理念统一于自己的生活与学术,也算得上可自安自主前行了。

还是要提一下我的父母。我的父亲是一位为服务国家战略需求而长期静默工作的退伍军人。在我十八岁之前,他很少言教。他埋头苦干的做人理念以示范形式展现。我的母亲出生在文人世家,特别爱整洁,我儿时常见她与亲友们以书信交往,也算是培养了我的人文情怀。他们只是千千万万中国父母中的一分子,但却在我的生命里深刻

后　记

影响了我。

　　前文已经说过，本书不是我最好的作品。它是我过去十多年在追求环境刑法的路上最初的青涩之果。我要特别感谢刊发了本书中内容的学术期刊，它们有：《法学》《法学评论》《重庆大学学报（社会科学版）》《刑法论丛》《南京大学法律评论》（现刊名《南大法学》）等。当时只道是寻常。回望来时之路，起步阶段的每一份认可都是我后来没有放弃追求学术理想的缘由或自我鼓励的念念之词。

　　需要向读者朋友们特别作出说明的是，本书中的数据主要是2016年以前的数据。2017年以后我仍坚持了对全国生态环境犯罪的统计分析。后来的数据与统计分析研究成果被收入了由中国法学会副会长吕忠梅教授担任首席专家的大型公益性第三方年度评估报告《中国环境司法发展报告》。目前该年度报告已出版6部，其中的刑事部分由我主要承担。因此，对生态环境刑事司法感兴趣的读者或研究者，还可将本书与历年的《中国环境司法发展报告》结合阅读。

　　环境刑法是我学术路上的一只猛虎。但，如同《少年派的奇幻漂流》中主人公与那只老虎的感情一样，这只老虎使我恐惧，但也与我构成生命共同体。不是吗？我们谁又不是漂流在人生的大海上；也许，只有经常面对强大的动物，我们才能克服恐惧。

　　是为记。

焦艳鹏
2023年2月于沪上